dtv

Ein unverzichtbarer Ratgeber für Paare, die heiraten wollen. Ein geistreicher Helfer für Freunde, die gratulieren möchten. Ein geniales Handbuch für alle, die eine Hochzeitsrede halten wollen, und ganz nebenbei noch eine kleine Kulturgeschichte der Ehe. Witzig und kenntnisreich schildert Dietmar Bittrich, was die schönsten Trausprüche bedeuten und welche berühmten Paare mit ihnen glücklich wurden. Der überzeugte Junggeselle Wilhelm Busch liefert dazu die passende Bebilderung. Ein ebenso humor- wie liebevolles Buch, lebenszugewandt und gerade deshalb hochromantisch.

Dietmar Bittrich, wurde 1958 als Kind Hamburger Auswanderer in Triest geboren und lebt heute als Autor in Hamburg. 1999 erhielt er den Hamburger Satirikerpreis. Mehrere sehr erfolgreiche Veröffentlichungen, darunter der Bestseller ›Böse Sprüche für jeden Tag‹.

Dietmar Bittrich

Wie man die geniale Hochzeitsrede hält

Sprüche, Zitate, Frechheiten

Deutscher Taschenbuch Verlag

Von Dietmar Bittrich
sind u.a. im Deutschen Taschenbuch Verlag erschienen:
Böse Sprüche für jeden Tag (20676)
Böse Sprüche für Sie & Ihn (20761)
Wie man sich und anderen
das Leben schwer macht (20951)
Einschlafbuch für Hochbegabte (21267)

Ausführliche Informationen über
unsere Autoren und Bücher
finden Sie auf unserer Website
www.dtv.de

FSC www.fsc.org MIX Papier aus verantwortungsvollen Quellen FSC® C019821

Ungekürzte Ausgabe 2012
Deutscher Taschenbuch Verlag GmbH & Co. KG,
München

Umschlagkonzept: Balk & Brumshagen
Umschlagbild: Gerhard Glück
Innenillustrationen: Wilhelm Busch
Gessamtherstellung: Druckerei C. H. Beck, Nördlingen
Gedruckt auf säurefreiem, chlorfrei gebleichtem Papier
Printed in Germany · ISBN 978-3-423-21369-1

Für Johanna

Inhalt

Fünf Minuten für eine geniale Rede

Dieses Buch ist nahezu unerschöpflich. Es versammelt die fünfzig schönsten Trausprüche. Es erklärt ihre Bedeutung und was von so einem Trauspruch zu erwarten ist. Es zitiert die frechsten Kommentare zu diesen feierlichen Sprüchen. Und schließlich erzählt es, welches ruhmreiche Paar mit welchem Trauspruch geheiratet hat, von den Königen des Mittelalters über die Dichter der Romantik bis zu den Nägel kauenden Stars unserer Zeit.

Damit ist dieses Buch eine unvergleichliche Quelle der Inspiration – für die heiratenden Paare, für die Gäste, die einen geistreichen Glückwunsch aussprechen wollen, und für jene Mühseligen und Beladenen, die zum Reden verdonnert sind.

Denn für beinahe jeden kommt irgendwann der Tag. Freunde und Verwandte beteuern: Du musst eine Rede halten, bitte, du kannst das so gut! Ihr Lob ist durchschaubar. Sie selbst wollen verschont bleiben. Wer nun keine Kraft findet abzusagen, muss sich etwas einfallen lassen. Nicht viel. Eine Hochzeitsrede braucht nicht lang zu sein. Fünf Minuten reichen.

Aber auch fünf Minuten sind ein Auftritt. Und wer reden muss, dem liegt dieser Auftritt im Magen. Das Hochzeitsdinner schmeckt dem Redner nicht so richtig. Vermutlich hat er schon in der Nacht schlecht geschlafen. Genießen kann er das Fest jedenfalls erst, wenn er seine Ansprache mit Ach und Krach losgeworden ist.

Dieses Buch schafft Abhilfe. Es ermuntert dazu, die Ehrfurcht beiseitezulassen und lieber frech und lustig zu sein. Das entspannt den Redner. Und es erfreut die Zuhörer.

Charmant und frech

Vom Zusammenhalt in guten und in schlechten Zeiten, von Glück und Segen und Bewährungsproben wird auf dem Standesamt oder in der Kirche schon genug gesäuselt. Alle hören betreten zu, wenn die Standesbeamtin moralisch wird oder der Pfarrer weise zu sein versucht.

Denn alle wissen es besser. Es gibt ein paar Mädchen, die den Brautstrauß zu fangen versuchen, um bald ins Glück zu segeln. Diejenigen hingegen, die schon eine Weile in der Ehe unterwegs sind, sehen die Sache nüchterner.

Dieses Buch bietet beiden ein willkommenes Lifting. Die träumenden Mädchen und die schwärmerischen Tanten bekommen charmante Bosheiten zu hören. Und für die Nüchternen gibt es herzerwärmende Romantik.

Eine gute Hochzeitsrede enthält beides: ein Hoch auf die Liebe und ein paar freche Grüße aus der Wirklichkeit. Liebe ist das häufigste Wort in diesem Buch. Denn Liebe ist die Grundlage. Jeder Trauspruch handelt davon und von allem, was zur Liebe gehört: von Freundlichkeit, Treue, Vergebung, von Mut, Klarheit, Wahrhaftigkeit, von Stärke und Vertrauen, von Hingabe, Zuwendung, Leidenschaft. Von all dem, was zuweilen in einem einzigen Wort zusammengefasst wird: Herz.

Und dann kommt der Geist dazu. Das Paar, das da heiratet, hat ja nicht nur Herz. Es ist auch geistreich! Und die Gäste erst! Und wenn die nicht geistreich sind, Sie und ich, die wir eine Rede halten sollen, sind es auf jeden Fall. Oder werden es zumindest mit diesem Buch. Denn dieses Buch enthält zu aller Liebe und aller Romantik auch die frechsten Wahrheiten.

Zweihundert kleine, bissige Bemerkungen zu Liebe und Ehe sind in diesem Buch versammelt. Zu jedem einzelnen der fünfzig feierlichen Trausprüche und ihrer liebevollen Auslegung habe ich nicht nur die passende Zeichnung des genialen Menschenkenners Wilhelm Busch gestellt. Ich habe zu jedem Trauspruch jeweils zwei kiebige Zitate von Frauen angefügt und zwei aufmüpfige von Männern. Macht insgesamt zweihundert freche Wahrheiten. Sie sind die ersehnte Erfrischung gegen den süßen Sirup, der schon genug aus Glückwünschen und Reden trieft.

Genial einfach

Reicht das schon für eine geniale Hochzeitsrede? Ja, doch. Wenn man faul ist. Vermutlich sind Sie nicht so faul wie ich. Sie sind bereit, sich ein bisschen vorzubereiten. Oder? Falls nicht: Meine letzte Ansprache bei einer Trauung habe ich damit bestritten, dass ich einfach zwölf freche Sprüche ausgewählt und vorgetragen habe. Fertig. Applaus! Erleichterung.

Nur ein winziger Kniff gehörte dazu. Ich habe behauptet, diese Sprüche zu Liebe und Ehe stammten von einigen der anwesenden Gäste. Es sei deren Erfahrung. Natürlich hatte ich diese Leute nicht wirklich gefragt. Dazu war ich zu bequem. Sie hätten nur Einwände erhoben. Vielmehr habe ich diesen liebenswerten Gästen die frechen Sprüche einfach in den Mund gelegt. Und siehe da, am Ende fanden sie das großartig! Sie waren stolz!

Zum Beispiel habe ich die Mutter des Bräutigams

»zitiert«. Zur Hochzeit habe sie mir gegenüber geäußert: »Wissen Sie, nichts ist beglückender, als den Menschen zu finden, den man den Rest des Lebens ärgern kann!« Das ist ein Spruch aus diesem Buch. Und der Brautvater habe mir gegenüber geseufzt: »Im ersten Ehejahr strebt ein Mann die Vorherrschaft an, im zweiten kämpft er um die Gleichberechtigung, ab dem dritten ringt er um die nackte Existenz.« Auch aus diesem Buch. Und zehn mehr von der Sorte. Das kam glänzend an. Na bitte. Und das war schon meine Rede! Sie dauerte keine fünf Minuten. Aber alle wollten eine Kopie davon haben.

Das ist die Variante für die Arbeitsscheuen unter uns. Geeignet auch für diejenigen, die sich ihre Rede erst am Tag des Festes überlegen. Während der Vorspeise. Klingt knapp, funktioniert aber! Buch aufschlagen, ein Dutzend Sprüche auswählen, ein Dutzend Gäste dazu aussuchen, jedem Gast einen Spruch zuordnen, auf einem Zettel notieren, vorlesen, fertig!

Das nenne ich genial. Genial heißt nicht nur findig, originell, überraschend. Genial heißt auch: verblüffend einfach.

Geistreich und romantisch

Jetzt aber die Variante für diejenigen unter uns, die es eine Spur schwieriger lieben. Und denen die Liebe ein paar Gedanken mehr wert ist. Für sie ist dieses Buch eine unerschöpfliche Schatztruhe.

Warum? Weil hier zu jedem Trauspruch nicht nur die einleuchtende Deutung gegeben wird. Sondern weil die berühmten Paare genannt werden, die mit diesem Spruch geheiratet haben. Agatha Christie und ihr Max, Elvis Presley und seine Priscilla, Hillary und Bill Clinton, Charles und Diana, Goethe, Mozart, Marilyn Monroe …

Mehr als hundert ruhmreiche Hochzeiter und ihr Ehe-Motto nennt dieses Buch. Und damit ist die Rede nun endgültig gesichert. Damit wird sie nicht nur geistreich, sondern dazu noch warmherzig und romantisch. Sie senkt sich in die Erinnerung.

Es gibt zwei Möglichkeiten. Die erste: Wir schlagen zuerst den Trauspruch nach und gehen von dort aus weiter. Die zweite: Wir schlagen zuerst die Promis nach und folgen ihren Fährten.

Zunächst die erste Variante. Im Allgemeinen suchen sich Paare einen Trauspruch aus. Er steht in diesem Buch. Mal eben nachschauen. Aha. Meisterkomponist Johann Sebastian Bach hat mit demselben Spruch geheiratet! Und Malergenie Caspar David Friedrich auch? Wunderbar! Die Braut ist musikalisch, so ähnlich wie Bach, wenngleich sie nur beim Zähneputzen summt. Und der Bräutigam zeichnet gern, so ähnlich wie Caspar David Friedrich, wenn er bislang auch nur Smileys zustande gebracht hat. Das passt! Und über die Ehe von Bach und C. D. Friedrich steht auch etwas drin. Und zwar etwas Nettes. Bitte sehr, so könnte die Ehe hier auch laufen.

Die kulturell wertvolle Rede ist fertig! Falls sie noch mit weiterem Stoff unterfüttert werden soll, googeln wir mal kurz, was noch erwähnenswert ist von Bach oder Caspar David Friedrich und was davon auf unser Brautpaar passt. Alles passt, heißt die Faustregel, solange es freundlich oder lustig ist.

So funktioniert das mit jedem Trauspruch. Wir folgen den Berühmtheiten, die mit diesem Spruch geheiratet haben, und ziehen den Vergleich zu unserem Brautpaar. Und damit die Sache nicht zu sehr nach Friede, Freude, Eierkuchen klingt, geben wir noch die vier Bosheiten zum Besten, die als Gegengift zu dem Trauspruch aufgelistet sind. Denn ein Trauspruch ist wie ein guter Vorsatz. Es ist schwer, ihm gerecht zu werden. Da ist eine kleine Bosheit enorm entlastend. Wir können obendrein die Zeichnung zeigen, die Wilhelm Busch zu diesem Trauspruch eingefallen ist. Die ist ebenfalls sehr erleichternd.

Eine kurze Kulturgeschichte der Ehe

Die zweite Möglichkeit: Wir schlagen hinten nach. Im Personenregister. Wir kümmern uns nicht um den Trauspruch unseres Paares. Falls das Paar lediglich standesamtlich heiratet, hat es womöglich gar keinen. Wir kümmern uns stattdessen um die geistreichen Vorbilder, die am Ende des Buches aufgelistet sind.

Die Braut findet Mette Marit toll? Schön. Dann schauen wir doch mal, wie die geheiratet hat. Oder schwärmt die Braut für Sisi? Gern, auch dazu können wir mit Hilfe dieses Buches etwas ausplaudern. Der Bräutigam ist Fan von Bruce Willis? Bitte sehr. Oder er steht auf Johnny Cash? Okay, diesem Buch fällt etwas dazu ein. Wir können zu jedem Namen im Register sagen, unter welchem Motto diese Leute in die Ehe gingen und wie die Ehe dann lief.

Voraussetzung ist natürlich, dass wir wissen, wen das Brautpaar verehrt. Und dass ein paar dieser Idole unter den mehr als hundert Namen hier zu finden sind. Aber das ist ziemlich sicher. Und wenn wir partout nicht in Erfahrung bringen können, wen Braut und Bräutigam toll finden, nehmen wir notfalls Goethe und Schiller … oder diejenigen Helden, die wir, die Redner, mögen!

Nur Vorsicht. Das ist schon eine Menge Stoff! Die Kombination aus Trausprüchen und ruhmreichen Paaren beschert uns ganz nebenbei eine Kulturgeschichte der Ehe. Deshalb macht es so viel Spaß, in diesem Buch zu schmökern. Man kann es nicht lesen, ohne klüger zu werden.

Am Ende müssen wir sogar aufpassen, dass unsere Rede nicht zu lang wird! Fünf Minuten reichen, sieben sind gut, zehn schon zu viel. Wer eine der Doppelseiten aus diesem Buch vorträgt, hat eine Hochzeitsrede von fünf Minuten. Das ist perfekt. Fünfzig perfekte Reden enthält dieses Buch also schon mal. Die Kombinationsmöglichkeiten sind nahezu unendlich.

Mit diesem Buch können wir also mühelos heiraten. Mühelos eine geniale Rede halten. Mühelos originelle Glückwünsche schreiben. Und obendrein Trost spenden. Denn mit den frechen Bosheiten können wir all diejenigen aufheitern, die diese Frau oder diesen Mann nicht abgekriegt haben.

Es kann also nur gut ausgehen. Auf ins Vergnügen!

Die Liebe hört niemals auf

Die Liebe hört niemals auf.
Paulus an die Korinther, 1. Brief, Kapitel 13, Vers 8

Jeder ahnt, dass dieser goldene Spruch letzten Endes wahr ist. Dass er auch für die Partnerschaft wahr ist, ist nicht damit gesagt. Von Leidenschaft ist schon gar nicht die Rede. Charles, der zerknitterte englische Thronfolger, und Lady Diana Spencer heirateten mit genau diesem Spruch. Hörte die Liebe zwischen den beiden niemals auf? Na ja. Vielleicht nicht. Wir sind unwissend. Die feinsten Regungen der Herzen bleiben Außenstehenden verborgen. Die Ehe zumindest endete; aber das Wort Ehe taucht ja im Vers auch nicht auf. Und immerhin hatten die beiden ein ergreifendes romantisches Vorbild: Romeo und Julia. Für diese rauschhaft Liebenden war von ihrem schützenden Beichtvater genau dieser Spruch vorgesehen. Zur Eheschließung kam es nicht mehr, zumindest nicht offiziell.

Dass die Liebe der beiden dennoch Bestand hatte und bis heute hat, wird niemand bezweifeln. Partner, die unter diesem kühnen Motto heiraten, erwarten viel, wünschen sich womöglich noch mehr und wissen zugleich instinktiv, dass ein Untergrundrauschen von Liebe immer da ist – selbst wenn die Teller fliegen und das Gespräch über Anwälte läuft. Liebe, das meint der Spruch, ist einfach nicht zu verhindern. Partner, die ihn wählen, sind deshalb keineswegs in Illusionen befangen, wie zahnlose Verwandte meinen, sondern sind zutiefst realistisch. Liebe, so viel wissen oder ahnen sie, ist die tiefste Wirklichkeit. Und natürlich sind sie entschlossen, auch im weniger tiefen Alltag gelegentlich etwas davon durchscheinen zu lassen. Mystiker behaupten, Paare mit diesem Spruch hätten eine goldene Aura. Na schön. Wenn man ganz genau hinschaut … doch, ja … sieht gut aus!

Wenn Männer wüssten, was Frauen von der Ehe erwarten, würden sie nicht heiraten. Edith Piaf

Am Horizont der Liebe erhebt sich die Sonne der Ehe.
Am Horizont der Ehe sinkt die Sonne der Liebe.
Voltaire

Eine Frau kann mit jedem Mann glücklich werden, solange sie ihn nicht liebt. Amanda Cross

Heißa, jauchzet Sauerbrot, heißa, meine Frau ist tot!
Wilhelm Busch

Nun aber bleiben Glaube, Hoffnung, Liebe

Nun aber bleiben Glaube, Hoffnung, Liebe, diese drei; aber die Liebe ist die größte unter ihnen.

Paulus an die Korinther, 1. Brief, Kapitel 13, Vers 13

Der Spruch ist berühmt. Er wurde nicht nur von frommen Friedensnobelpreisträgern wie Bertha von Suttner und Martin Luther King für ihre Heirat gewählt. Auch unfromme Gestalten fanden ihn passend. Zum Beispiel Henry VIII., der dickschädelige englische König des sechzehnten Jahrhunderts. Seine zweite Ehe stellte er unter dieses Motto. Die erste hätte gar nicht geschieden werden dürfen. Den Wunsch Henrys lehnt der Papst schroff ab: Sein Anliegen sei mit dem Glauben nicht vereinbar, Henry solle sich keine Hoffnung machen. Der König ließ den Papst wissen: »Diese Art Hoffnung benötige ich nicht, und diese Art Glauben ebenfalls nicht.« Er gründete seine eigene Kirche, ließ sich scheiden und heiratete aufs Neue – mit eben diesem Trauspruch, der Glauben und Hoffnung hintanstellt. Auf die Liebe kommt es an. Der ebenfalls nicht übertrieben demütige Malermeister Salvador Dalí ehelichte seine Frau Gala ebenfalls unter diesem Motto. Die Liebe bedeutete den beiden alles. Am Glauben hingegen zweifelten sie. Und Hoffnung, stellte Dalí fest, sei stets untrennbar mit Furcht verbunden. Das ist wahr. Liebe, das zeigen Erfahrungsberichte aus dramatischen Situationen, ist immer möglich. Selbst in düsterster Lage, in der Hoffnung nicht mehr besteht und jeglicher Glaube zerstoben ist, geschehen immer noch Handlungen aus Liebe. Es scheint tatsächlich so zu sein, wie der Brief des Paulus an seine Kumpel in Korinth mitteilt: Die Liebe ist die verlässlichste, die tragfähigste Substanz. Wenn alle Kerne gespalten und alle Quanten zerrieben sind, bleibt die Liebe. Nicht nur langjährige Partner, aber auch sie, merken zuweilen etwas davon.

Liebe ist eine vorübergehende Geisteskrankheit,
die durch Heirat heilbar ist. Ambrose Bierce

Bei der Heirat gibt ein Mann Privilegien auf,
von denen er zum Glück nicht wusste, dass er sie hatte.
Sophia Loren

Liebe ist blind. Die Ehe macht sehend. Bertrand Russell

Kaum zu glauben, dass Gott für uns nichts Besseres
erfinden konnte als Männer. Katharina von Aragon

Die Liebe ist langmütig und freundlich

Die Liebe ist langmütig und freundlich, die Liebe eifert nicht, die Liebe treibt nicht Mutwillen, sie bläht sich nicht auf; sie verhält sich nicht ungehörig, sie sucht nicht das Ihre, sie lässt sich nicht erbitten, sie rechnet das Böse nicht zu; sie freut sich nicht über Ungerechtigkeit, sie freut sich aber an der Wahrheit; sie erträgt alles, sie glaubt alles, sie hofft alles, sie duldet alles.

Paulus an die Korinther, 1. Brief, Kapitel 13, Vers 4–8

Dies ist der Greatest Hit der Trausprüche. Kein anderer wird so häufig gewählt. Das bedeutet zwangsläufig auch, dass keinem anderen Trauspruch so viele Scheidungen folgen. Die Schauspielerehe von Demi Moore und Bruce Willis wurde mit diesen frohen Versen gesegnet. Immerhin, sie hielt zehn Jahre. Der Schriftsteller Henry Miller wählte das anspruchsvolle Motto für seine erste Ehe. Er heiratete danach noch viermal, dann allerdings ohne Sprüche. Die Liebe ist langmütig und freundlich, muss sich auch Katharina die Große gesagt haben, die erst fünfzehn war, als sie den russischen Prinzen Peter heiratete. Als er Zar wurde, organisierte sie eilig einen Staatsstreich gegen ihn und machte sich selbst zur Zarin. Parallel segnete er das Zeitliche, unter rätselhaften Umständen. Nun, es heißt ja: Die Liebe erträgt alles, glaubt alles, hofft alles, duldet alles. Das Vertrauen trägt immer. Und zwar das Vertrauen darauf, dass die Liebe letzten Endes das Fundament ist. Der Grund von allem. Unerschütterlich. Was erschüttert wird, sind immer nur Vorstellungen. Etwa die Vorstellung, wie der andere sich benehmen sollte und wie die Dinge laufen müssten. Der andere hat seinen Weg, die Dinge haben ihre eigene Schwungkraft, sie laufen anders als geplant – aber sonderbar, das macht nichts. Trotzdem geht alles gut aus. Weil alles immer wieder zu dieser Essenz zurückkehrt: zur Liebe. Paare, die diesen Spruch wählen, wissen das nicht immer. Aber sie ahnen es.

Wenn du deinem Ehemann auf die Brille trittst,
erinnere ihn: Man sieht nur mit dem Herzen gut.
Consuelo de Saint-Exupéry

Die es gut meinen, das sind die Schlimmsten. Paracelsus

Mit der Ehe tauscht die Frau die Aufmerksamkeit vieler
Männer gegen die Unaufmerksamkeit eines einzelnen.
Maria Theresia

Ausgerechnet in Augenblicken, die man genießen
möchte, wollen Frauen geküsst werden. John Cleese

Wenn ich mit Engelszungen redete ...

Wenn ich in den Sprachen der Menschen und Engel redete, hätte aber der Liebe nicht, wäre ich ein tönend Erz oder eine lärmende Pauke.

Paulus an die Korinther, 1. Brief, Kapitel 13, Vers 1–4

Der Spruch geht noch weiter: »Und wenn ich alle Geheimnisse wüsste und alle Erkenntnis hätte, wenn ich alle Glaubenskraft besäße und Berge versetzen könnte, hätte aber der Liebe nicht, wäre ich nichts.« Und noch weiter: »Wenn ich meine ganze Habe verschenkte, hätte aber der Liebe nicht, dann nützte es nichts.« Ohne Liebe läuft gar nichts, heißt das. Alle Begabung, alles Wissen, aller Zaster sind bedeutungslos ohne Liebe. Die Liebe ist das Einzige, was dem Leben Sinn gibt. Dieser Trauspruch fasst zusammen, was sonderbarerweise auch Menschen berichten, die für kurze Zeit klinisch tot waren und die im Nahtod-Erlebnis eine Rückschau erlebten. Sie sahen: Nur was aus

Liebe geschehen war, zählte. Alles andere war leer und bedeutungslos. Wer sich dieses Motto aussucht, weiß also, worauf es ankommt. Und spürt, dass die Liebe die innerste Wahrheit von allem ist. Zu den Paaren, die mit diesen Zeilen in die Ehe gingen, gehörten Tarzan-Erfinder Edgar Rice Burroughs und seine Frau Emma. Sie erduldeten lange Zeiten der Armut mit der Kraft ihrer Liebe. Auch der Poet Heinrich Heine zählte dazu. Spät, schon dreiundvierzigjährig, heiratete er in Paris nach katholischem Ritus seine Mathilde. Nach vielen Schwärmereien mit Lärm und Engelszungen war es die große Liebe. Und schließlich Wolfgang Amadeus Mozart: »Meine Musik ist nichts im Vergleich zur Liebe«, bekannte er. Ein kühnes Wort für den meistgehörten Komponisten aller Zeiten! Und ein ernst gemeintes. Mozart heiratete Konstanze mit diesem Trauspruch. Wer ihm nachfolgt, kann kaum irren. Möglich, dass ein Partner in späten Jahren mit Engelszungen auf den anderen einredet. Dann kann eine behutsame Erinnerung an den Spruch nicht schaden.

Ehemänner nehmen nur Platz weg. Margaret Rutherford

Die einzig glücklichen Menschen sind verheiratete Frauen und alleinstehende Männer. H. L. Mencken

Eine Frau wird immer den Mann verehren, der sie heiraten wollte. Ein Mann immer die Frau, die ihn ablehnte. Zeruya Shalev

Ich liebe die Frauen. Nur die Vorstellung, mit einer von ihnen das Zimmer zu teilen, ist mir unerträglich.
Fjodor Dostojewski

Es ist besser zu zweien als allein

So ist es besser zu zweien als allein; denn sie haben guten Lohn für ihre Mühe. Fällt einer von ihnen, so hilft ihm der andere auf. Prediger Kapitel 4, Vers 9–10

Heerführer Napoleon hatte etwas gegen die Kirche. Aber einen Trauspruch aus der Bibel wollte er trotzdem haben. Als er die sechs Jahre ältere Joséphine heiratete, tat er es aus purer Liebe – und um in die Pariser Gesellschaft einzusteigen. Joséphine, durch die Revolution zur Witwe geworden, heiratete ebenfalls aus purer Liebe – und um ihren aufwendigen Lebensstil fortsetzen zu können. Eheforscher wollen beobachtet haben, dass Paare mit diesem Trauspruch häufig gut rechnen können und beneidenswert realistisch sind. Schwärmer wählen diesen Spruch nicht. Vielmehr sind es Partner, die als Einzelkämpfer bereits Erfahrungen gesammelt haben und klug daraus geworden sind. »Wir sind ein Bündnis eingegangen«, erzählte Michelle Obama, die ihren Mann mit diesem Trauspruch heiratete. Ehe und Beruf, meinte sie, seien für sie beide untrennbar. Das ist so bei Paaren mit diesem Trauspruch: Sie sind aus Liebe – und aus Vernunft zusammen. Um einander zu stützen, den Rücken zu stärken, sich durchzusetzen in einer widerborstigen Welt. Eines der kuriosesten Paare, das sich mit diesem Spruch das Jawort gab – nach Jahrzehnten des unverheirateten Zusammenlebens –, waren der englische Posträuber Ronald Biggs und die brasilianische Tänzerin Raimunda de Castro. Weil sie von ihm schwanger geworden war, hatte man den Millionenräuber einst nicht aus Rio an England ausliefern dürfen. Dort war ihm eine Verurteilung sicher. Als Siebzigjähriger reiste Biggs dann doch in seine Heimat, mit Raimunda, begab sich ins Gefängnis, heiratete sie in der Zelle und wurde wenig später begnadigt. Weil es sich zu zweien besser lebt als allein. »Dieses Bibelwort«, grinste der alte Gauner, »bringt Glück und Freiheit.« Erst recht den ehrenwerten Paaren.

Wer heiratet, kann endlich all die Sorgen teilen,
die er vorher nicht gehabt hat. Harrison Ford

Kaum vermählt, siehst du schon ein, wie schön es war,
allein zu sein. Liesl Karlstadt

Make love, not war, or do both: get married. Mike Tyson

Eine gute Ehefrau vergibt ihrem Mann, wenn sie sich
geirrt hat. Christiane Hörbiger

Einer trage des Anderen Last

Einer trage des Anderen Last; so werdet ihr das Gesetz Christi erfüllen. Paulus an die Galater, Kapitel 6, Vers 2

Diesen Spruch wählen Liebende, die etwas weiter denken. Sie ahnen, was andere noch leichtfertig herunterspielen: dass Partnerschaft beschwerlich sein kann. Einer von beiden gerät in eine Krise. Verliert den Job. Wird krank. Scheußliche Vorstellung? Nur für Leute, die sich nichts zutrauen. In Bezug auf die Ehe sind das meist Männer. Der Philosoph Sören Kierkegaard war fest entschlossen zu heiraten, als seine Verlobte ihm genau diesen Spruch vorschlug. Auf der Stelle verließ den Denker aller Mut. Unter Ehe hatte er sich vorgestellt, dass seine Frau ihm den Rücken freihielt, während er sich unterhaltsamen Hobbys widmete. Seine Last sollte sie tragen; ihre eigene sowieso. Durchgefallen. Sie heiratete einen anderen. Bis heute haben Männer ihre Schwierigkeiten mit dem Spruch.

Sie wählen ihn selten. Frauen, zu mehr Verantwortung bereit, mögen den Spruch wegen seiner Ernsthaftigkeit. Eines der berühmtesten Paare, das mit diesem Spruch heiratete, waren der dichtende Minister Goethe und die Hutmacherin Christiane Vulpius. Die beiden hatten schon ein paar Jährchen zusammengelebt, als das Haus des Poeten von Soldaten bedroht wurde. Christiane trat den Kriegern derartig beherzt entgegen, dass sie sich schlotternd zurückzogen. Goethe, von diesem handfesten Mut beeindruckt, bekannte sich nun offiziell zu ihr. Teilte er fortan auch Christianes Last? Gesellschaftlich und finanziell auf jeden Fall. Grundsätzlich eignet sich der Spruch zum Test. Wer ihn vorschlägt, wird an der Reaktion des anderen erkennen, wie belastbar er ist.

Ein Mann erwartet von einer Frau, dass sie perfekt ist.
Und dass sie es liebenswert findet, wenn er es nicht ist.
Catherine Zeta-Jones

Eine Ehefrau unterstützt uns in Krisen, in die wir
ohne sie gar nicht geraten wären. Danny DeVito

Mit einem Mann zu leben ist ein Job. Und zwar der
härteste im Leben. Rosamunde Pilcher

Die Ehe ist nicht da, um uns glücklich zu machen.
Sie soll prüfen, wie stark wir im Leiden sind.
Hermann Hesse

Vor allem haltet fest an der Liebe zueinander

Vor allem haltet fest an der Liebe zueinander;
denn die Liebe deckt viele Sünden zu.
1. Petrus-Brief, Kapitel 4, Vers 8

Partner, die mit diesem Spruch heiraten, kennen das Leben. Sie machen sich selbst nichts vor. Sie machen anderen nichts vor. Sie haben beste Aussichten. Zwei begabte Leute, die unter diesem Petrus-Wort in eine bewegte Ehe segelten, waren Hillary Rodham und Bill Clinton. »Wir haben eine Menge erlebt«, erklärte Hillary im fünfunddreißigsten Jahr ihrer Ehe. »Und sonderbarerweise war und ist alles gut.« Sonderbar, ja. Aber genau das besagt der Hochzeitsspruch: Die Liebe löscht das, was Sünde genannt wird. Sie hebt es auf. Das Wort Sünde bedeutet wörtlich Sonderung, also Getrenntheit, Isolation, Alleinsein. Liebe ist das Gegenteil davon. Sie hebt die Sonderung auf. Das ist ihre erlösende Kraft. Von der Getrenntheit befreit sie, die sogenannte Sünde löscht sie: Das ist der tiefere Sinn des Wortes. Wer es etwas leichter nehmen will, hält sich an die prunkvolle Hochzeit des Sonnenkönigs Ludwig XIV. mit der Marquise de Maintenon. Die Ehe war alles andere als standesgemäß. Dafür war es eine Liebesheirat. Der Priester segnete sie – übrigens vor gut dreihundert Jahren, in der Zeit des Barock – mit genau diesem Satz aus dem Petrus-Brief. Die Liebe lässt die Sünden verschwinden. Angesichts des lustvollen Lebenswandels am französischen Königshof erhält die Weisheit eine lässige Bedeutung: Liebt euch, dann ist es egal, was sonst noch passiert. Einer der frühen abendländischen Philosophen, Augustinus, schrieb: Liebe – und tue, was du willst. Wenn du in Liebe handelst, kannst du nichts falsch machen. Im Umkehrschluss: Wenn du etwas falsch gemacht hast, kehre zur Liebe zurück. Was immer passiert, die Liebe ist dein Zuhause. Na bitte. Frohen Einzug.

Im ersten Jahr redet der Mann, und die Frau hört zu. Im zweiten redet die Frau, und der Mann hört zu. Vom dritten Jahr an reden beide, und die Nachbarn hören zu. Claire Waldoff

Heirate oder heirate nicht, du wirst beides bereuen. Platon

Man kann anderen Leuten erklären, warum man seinen Mann geheiratet hat, aber sich selbst kann man es nicht erklären. Georges Sand

Manch Männer, von denen man denkt, sie seien längst tot, sind bloß verheiratet. Peter Sellers

Des Menschen Herz erdenkt sich seinen Weg

Des Menschen Herz erdenkt sich seinen Weg;
aber Gott allein lenkt seinen Schritt.
Sprüche, Kapitel 16, Vers 9

Die Kurzfassung dieses Verses ist ein Klassiker unter den Lebensweisheiten: »Der Mensch denkt, Gott lenkt.« Zweierlei Paare wählen dieses Motto: solche, die demütig sind, wie Ludwig und Elisabeth von Thüringen vor achthundert Jahren. Und solche, die froh sind, dass sie nicht für alles Verantwortung haben, wie vor vierzig Jahren John Lennon und Yoko Ono. Die beiden heirateten nicht kirchlich, eine Spruchweisheit schätzten sie trotzdem. John Lennon übersetzte: »Leben geschieht, während du andere Pläne machst.« Ein Philosoph, den Lennon schätzte, hatte dieselbe Erkenntnis ein paar Jahrhunderte früher formuliert. Und zwar, als seine eigenen Heiratspläne gescheitert waren. Blaise Pascal hieß er. Er notierte: »Weißt du, wie du Gott zum Lachen bringen kannst? Erzähl ihm deine Pläne.« Genau das ist gemeint. Es ist nicht so weit her mit der eigenen Kontrolle über das Leben – oder gar über das Leben des Partners –, wie man hofft. Als Elisabeth von Ungarn und Ludwig von Thüringen heirateten, um glücklich auf der Wartburg zu leben, war Demut wichtiger als Selbstverwirklichung. Man glaubte, Gott verwirkliche sich durch einen demütigen Menschen. Bei Paaren, die diesen Spruch wählen, ist eine Ahnung davon lebendig. Sie sind bereit, ihr Ego in Ruhe zu lassen. Den anderen in Ruhe zu lassen. Die Welt in Ruhe zu lassen. Nicht also den anderen und die Welt zu verbessern, sondern sich vertrauensvoll zu entspannen auf den Wellen des Lebens. Ganz von selbst entwickeln sie dabei Umsicht, Achtsamkeit, fürsorgliches Handeln. Elisabeth von Thüringen wurde am Ende dafür heiliggesprochen. Nicht schlecht. Aber das hat Zeit. Entspannter Genuss des Lebens ist Glück genug.

Natürlich tun mir die Männer leid. Aber die letzten paar tausend Jahre haben sie es doch wirklich schön gehabt! Jodie Foster

Früher wurden am Altar Opfer dargebracht. Daran hat sich nichts geändert. Michael Heltau

Ein Mann ist nur Herr im Haus, wenn er die Erlaubnis seiner Frau hat, das zu behaupten. Jenny Marx

Ich weiß nicht, wohin Gott mich führt. Aber wenn er diese Richtung beibehält, schlage ich vor, dass er allein weitergeht. Martin Luther

Lasst uns nicht lieben mit Worten, sondern in Taten

Lasst uns nicht lieben mit Worten noch mit der Zunge, sondern in Tat und Wahrheit.
1. Johannes-Brief, Kapitel 3, Vers 18

Warum wählte ausgerechnet ein Papst dieses Wort für die Hochzeit seines Sohnes? Weil er sichergehen wollte, dass die Liebe sich nicht auf Worte beschränkte. Die Ehe sollte ganz und gar vollzogen werden, wie er selbst es vergnügt ausprobiert hatte. Es war der lebensfrohe Renaissance-Papst Innozenz VIII., der vor gut fünfhundert Jahren sieben Kinder mit sechs Frauen zeugte. Seinen Lieblingssohn Francesco verheiratete er persönlich mit diesem sympathischen Spruch. Die Ehe soll außergewöhnlich glücklich geworden sein. Ist es ein Zufall, dass ausgerechnet Papstkritiker Martin Luther fünfzig Jahre später denselben Trauspruch auserkor? Bestimmt nicht. Wie Papst Innozenz hatte auch Luther die Nase voll vom Mönchtum, und seine Katharina wollte keine Nonne mehr sein. Nicht mehr nur Liebe in frommen Worten, jubelten die beiden, sondern endlich auch Liebe in heiteren Taten! Auch sie führten eine muntere Ehe, unterstützt von einer – wie Luther berichtete – beständig knisternden Erotik. Paare, die unter diesem Motto heiraten, haben gute Chancen, einander langfristig mit liebevollen Aufmerksamkeiten zu unterstützen – vor allem jenseits der romantischen Phase, in der Liebesschwüre leicht über die Lippen kommen. Als Paul Newman und Joanne Woodward sich diesen Spruch aussuchten, kannten sie einander lange genug. Sie wussten, dass Liebe im Alltag in überschaubaren Portionen ausgegeben wird. Ihre Ehe hielt fünfzig Jahre. Und das in Hollywood, wo schadenfrohe Paparazzi auf der Lauer liegen. Paare, die diesen Vers wählen, erhalten die Liebe intuitiv am Leben, durch unscheinbare Tugenden wie Respekt, Zuwendung, Freundlichkeit und kleine Pausen. In diesen Pausen kann, wie Papst Innozenz lehrte, nach Bedarf auch kurz gebetet werden.

Am wichtigsten ist es für Paare, die Kunst der Kriegführung zu erlernen. Das bisschen Liebe ergibt sich schon nebenbei. Patricia Highsmith

Bevor es zu spät ist, frage ich dich: Willst du sie als Chefin haben? John Wayne

Männer mit gepiercten Ohren sind ehetauglich. Sie haben bereits Schmerzen erfahren und Schmuck gekauft. Rita Rudner

Die Ehe ist der einzige Kampfsport, bei dem die Gegner miteinander schlafen. David Beckham

Wo du hingehst, da will ich auch hingehen

Wo du hingehst, da will ich auch hingehen; wo du bleibst, da bleibe ich auch. Dein Volk ist mein Volk, und dein Gott ist mein Gott Buch Ruth, Kapitel 1, Vers 16

Eines der ungewöhnlichsten Paare der Geschichte wurde unter diesem Spruch getraut: Pocahontas und John Rolfe. Es ist vierhundert Jahre her. Sie war die Tochter eines Indianerhäuptlings. Er ein englischer Kolonist, der in Virginia Tabak anbaute. Es war eine Liebesheirat – und zugleich ein Zeichen des Friedens. Pocahontas hatte sich bereits vorher für ein Miteinander von Siedlern und Indianern eingesetzt. Mit der Ehe zeigten sie und der junge Tabakfarmer, dass selbst radikal unterschiedliche Herkünfte fruchtbar sein können für Liebe und Leben. Die beiden wurden zum Vorbild. Übrigens ging das Friedensangebot von der Frau aus. Und das begeisterte Versprechen »Ich gehe mit dir bis ans Ende der Welt« kam ebenfalls von ihr. Bis heute kommt es meist von der Frau. Offensichtlich ist eine Frau eher bereit, dem Mann in seine Kultur und in seinen Background zu folgen. Das Umgekehrte ist seltener der Fall. Das liegt daran, dass eine Frau sich, vom Ort unabhängig, in der Partnerschaft zu Hause fühlt. Nicht immer, aber viel öfter als ein Mann, der sich eher in der Welt seiner Ideen zu Hause fühlt. Der Pocahontas-Trauspruch wird deshalb vor allem von Frauen ausgesucht. Für den Mann ist er ein Test. Wenn der Mann nicht gerade ein Stalker ist, wird er sich vermutlich am Kopf kratzen. Soll er sich bis zur Selbstaufgabe hingeben? Nein, soll er nicht, muss er nicht. Der Spruch ermutigt lediglich dazu, das völlig andere auszuprobieren, das der Partner repräsentiert. Nicht Pflicht ist gemeint. Sondern die Lust, etwas völlig Neues zu erforschen.

Du sollst allein nicht gehen, nicht einen einzigen Schritt. Wo du willst gehen und stehen, da komm ich einfach mit. Julie Schrader

Mein Eh'weib hemmet nichts, sie kennt nicht Tür noch Riegel und dringt durch alles sich. Sie leidet keinen Frieden, versetzt mir täglich Prügel und folgt mir ewiglich. Friedrich Theodor Vischer

In der Ehe finden wir heraus, welche Art von Mensch unser Partner eigentlich gewollt hätte. Tania Blixen

Die Welt der Frau ist die Liebe, die Liebe des Mannes ist die Welt. Peter Altenberg

Güte und Treue begegnen einander

Güte und Treue begegnen einander,
Gerechtigkeit und Friede küssen sich.
Psalm 85, Vers 11

Wenn Pu der Bär und Ferkel geheiratet hätten, dann nur mit diesem Spruch. Da war ihr Erfinder, der englische Dichter Alan Alexander Milne, ganz sicher. Immerhin hatte er selbst unter diesem Motto geheiratet. In Pu sah er die Güte verwirklicht, in Ferkel die Treue. Gerecht und friedlich waren beide. Wahrhaftig! Wir hätten gern mitgefeiert. Tatsächlich hat dieser Trauspruch etwas Gastfreundliches und Einladendes. Als Rosamunde und Graham Pilcher heirateten, luden sie ihr ganzes schottisches Dorf ein. In den folgenden fünfundsechzig Ehejahren blieb Rosamunde ihrem Trauspruch treu – auch als Autorin idyllischer Romanzen. Paare, die den Spruch aussuchen, müssen sich erfahrungsgemäß um den Frieden in ihrer

Ehe keine Sorgen machen. Ihre Wahl zeigt schon, dass sie beste Voraussetzungen mitbringen. Der Wunsch, in Güte und Gerechtigkeit zu leben, ist meist mit der Fähigkeit dazu verbunden. Diese Erkenntnis stammt von Thomas Mann, der seine Katia ebenfalls unter diesem Psalmvers heiratete. Vermutlich war die Ehe des Nobelpreisdichters mit der Bankierstochter nicht die leidenschaftlichste aller Zeiten. Dass sie geduldig, verständnisvoll und nachsichtig gelebt wurde, ist hingegen unstreitig. Dieser Trauspruch steht für Toleranz. Er vereint Paare, die von jener Großzügigkeit getragen werden, die auf Selbstbewusstsein beruht. Diese Partner überstehen Krisen, indem sie wachsen. Sie altern milde. Und es macht Spaß, sie nach vielen Jahren zu besuchen. Zum Beispiel, wenn sie Silberhochzeit feiern, im Hundert-Morgen-Wald mit Eule, I-Ah, Känga, Ru Tiger und all den anderen idyllischen Geschöpfen ihres Bekanntenkreises. Tatsächlich kann man die Heiratenden schon mal fragen, was sie sich zur Silberhochzeit wünschen. Überraschenderweise fällt ihnen oft sogar was ein.

Nichts ist beglückender, als den Menschen zu finden,
den man den Rest des Lebens ärgern kann.
Agatha Christie

Ehemänner leben länger als Junggesellen.
Das ist ihre Strafe. Rowan Atkinson

Ein Mann fühlt sich bereits frei, wenn er nicht
an der Leine zieht. Coco Chanel

Meiner Frau ist es gleichgültig, was ich ohne sie mache,
solange ich mich dabei nicht amüsiere. Arthur Miller

Dies ist der Tag, den Gott macht; wir wollen uns freuen

Dies ist der Tag, den Gott macht; wir wollen uns freuen und fröhlich an ihm sein. Psalm 118, Vers 24

Der berühmteste König, der unter diesem Motto heiratete, war August der Starke. Der Herrscher über Sachsen und später noch Polen ließ Prunkschiffe flaggen, Salutschüsse abfeuern, Feuerwerk über Dresden aufsteigen, Trompeten von Kirchtürmen blasen, Orchester im Wettbewerb spielen und jede Menge Bier und Wein ausschenken. Er feierte gern prachtvoll, auch später immer wieder, zuweilen übrigens sogar mit seiner Frau. Sein beschwingter Trauspruch führt heute an zwei glitzernden Orten der westlichen Welt die Hitliste an: in Hollywood und in Las Vegas. An beiden Orten liebt man die Show. An beiden kann man schnell heiraten und schnell geschieden werden. Ist das verwerflich? Überhaupt nicht. Es zeigt nur die Entscheidungsfreudigkeit der Partner und ihre Absicht, nicht lange in

Groll zu verharren. Falls es hier nicht klappt, fangen sie dort neu an. Tatsächlich bürdet dieser Trauspruch den Heiratenden keine Pflicht auf. Er spricht nur vom heutigen Tag, vom Jetzt. Den Augenblick auszukosten ist bereits eine hohe Kunst. Wer sie versteht, braucht sich um die Zukunft keine Sorgen zu machen. Denn auch die Zukunft besteht immer nur aus Augenblicken. Das Leben besteht daraus. Paare, die diesen Spruch wählen, machen sich weniger Sorgen um die Zukunft. Sie wissen, was anderen erst am Lebensabend dämmert: dass die Erfüllung nicht in der Ferne liegt, wohin sie immer projiziert wird. Sondern dass die Erfüllung hier und jetzt ist. Es geht nicht darum, andere Bedingungen zu suchen und irgendwann irgendwo anzukommen. Es geht um die Entdeckung, dass man immer schon da ist. Es ist immer »der Tag, den Gott gemacht hat«. Egal wo: Es ist der Ort der Hingabe. Egal worum es sich handelt: Dieses Paar hat die Kraft und Frische, »Ja« zu sagen zu dem, was gerade geschieht. Für den Anfang reichen Feuerwerk, Böllerschüsse, Musik!

Heirate möglichst frühmorgens. Wenn die Ehe
nicht gut läuft, hast du wenigstens
nicht den ganzen Tag vermasselt. Bruce Willis

Ich bin zufrieden, wenn meine nächste Ehe
die Haltbarkeit von Joghurt überdauert. Liz Taylor

Ein Mann mit großem Bankkonto kann gar nicht
hässlich sein. Shirley MacLaine

Der Wahn ist kurz, die Reu ist lang. Friedrich Schiller

Lasst uns einander zur Liebe anspornen

Lasst uns aufeinander Acht haben und uns zur Liebe und zu guten Werken anspornen.
Paulus an die Hebräer, Kapitel 10, Vers 24

Bemerkenswerte Paare haben unter diesem Motto geheiratet. Der österreichische Kaiser Franz Joseph und seine Elisabeth, genannt Sisi. Die britische Queen Victoria und ihr Prinz Albert. Und aus den Entwürfen zu »Vom Winde verweht« wissen wir, dass Autorin Margaret Mitchell genau diesen Spruch für Rhett und Scarlett gewählt hatte. Warum wohl? Weil man im Laufe einer Ehe ab und zu an die Liebe erinnert werden muss. Besonders wenn beim Heiratsentschluss, wie in Königshäusern oder auf dem Landgut Tara, auch noch andere Gründe außer Liebe zählten. Sogenannte gute Werke zum Beispiel, von denen der Spruch redet. Das sind vielversprechende Unternehmungen. Paare, die dieses Paulus-Wort wählen, schweben nicht auf rosa Wolken. Sie sind realistisch und selbstbewusst. Meist weiß jeder der beiden, dass er allein auch ganz gut zurechtkäme. Und das ist eine glänzende Voraussetzung, um zu zweit glücklich zu werden. Keiner ist abhängig vom anderen. Unter dieser Voraussetzung wird die Entschlossenheit, gemeinsam zu gehen, zum Start eines kreativen Projektes. Häufig sind tatsächlich beide Partner künstlerisch kreativ, wie die Verpackungsexperten Christo und Jeanne-Claude, die sich mit diesem Spruch das Jawort gaben. Ob ihre Werke immer gut geworden sind, bleibt Geschmackssache. Jedenfalls haben sie sich bis ins hohe Alter gegenseitig inspiriert. Jüngere Paare spornen einander ganz von selbst zu Kreativität und Liebe an. Dass sie es auch noch tun, wenn ein paar Jährchen vergangen sind – darum geht es.

Sicher verdanken einige Männer ihren Erfolg ihren Frauen. Aber die meisten verdanken ihre Frauen dem Erfolg. Michael Flatley

Wenn man einen Mann zu einer Arbeit bewegen will, muss man ihn nur fragen, ob er vielleicht zu alt dazu ist. Cindy Crawford

Aus purer Verzweiflung brillieren verheiratete Männer in Kunst und Wissenschaft. Quentin Tarantino

Männer, die das Risiko scheuen, bekommen Frauen, denen jedes Mittel recht ist. Madonna

Seid freundlich und vergebt einer dem anderen

Seid untereinander freundlich und herzlich und vergebt einer dem anderen, wie auch Gott euch vergeben hat in Christus. Paulus an die Epheser, Kap. 4, Vers 32

Ein Pfarrer wählte sich diesen Trauspruch, allerdings einer, der mehr als Dichter zu Ruhm kam: Eduard Mörike. Er war bereits Mitte vierzig, als er sich entschloss, die Tochter seines Vermieters zu heiraten. Margarete war Anfang dreißig. Die Ehe, mit zwei spät geborenen Töchtern, verlief staunenswert glücklich – offenbar weil die beiden einander so ziemlich alles verziehen und vergaben. Jedenfalls ungefähr bis zur silbernen Hochzeit. Dieselbe Wegstrecke mit demselben Trauspruch legte ein noch seltsameres Paar zurück: der Marquis de Sade und seine Frau Renée. Er war Dichter und Erforscher der Erotik vor allem in den schmerzhaften Grenzbereichen. Sie machte mit, wozu sie Lust hatte, verzieh ihm den Rest und erzog drei

Kinder. Später, als er zwecks erotischer Ausnüchterung viel Zeit in einer Zelle verbrachte, vermerkte der Marquis reumütig: »Die Frauen haben den Männern meist mehr zu vergeben als umgekehrt.« Seiner Frau machte das Vergeben wenig Mühe. Sie fühlte sich auch ohne ihn wohl und beurteilte seine eigentümlichen Hobbys ähnlich nachsichtig wie Frau Mörike das chaotische Dichterstübchen ihres Gatten: »Männer werden schwerer erwachsen als wir; im Grunde wollen sie immer nur spielen.« Was damit einhergeht, dass Männern das Übernehmen von Verantwortung zuweilen schwerfällt. Wenn dann das Spielen mit Autos, Aktien oder virtuellen Welten zu einem Mangel an Zuwendung führt, kann das weibliche Verzeihen ein rasches Ende finden. Selbst unter diesem Trauspruch. Ein Mann hingegen, notierte der Poet Mörike, muss seiner Frau nur eines verzeihen, das allerdings immer aufs Neue: dass sie nicht müde wird, ihn an seine Verantwortung zu erinnern.

Ich vertrage mich leicht mit jeder Frau, die mich in Ruhe lässt. James Thurber

Der einzige Unterschied zwischen einem Kind und einem Mann ist der Preis für das Spielzeug.
Emmilou Harris

Frauen verstehen nie, warum Männer Spielzeug lieben. Aber Männer würden kein Spielzeug brauchen, wenn Frauen einen On/Off-Schalter hätten.
Eddie Irvine

Jede Frau möchte irgendwann ein Kind haben. Und muss dann feststellen, dass sie eins geheiratet hat.
Simone de Beauvoir

Stark wie der Tod ist die Liebe

Stark wie der Tod ist die Liebe, mächtig wie die Gewalten der Tiefe ist ihr Eifern. Wasserfluten löschen die Liebe nicht, und Ströme ersticken sie nicht.

Hohelied Kapitel 8, Vers 6–7

Leidenschaftliche Paare suchen sich diesen Spruch aus. Paare, die sich nicht fürchten. Die bereit sind, sich von der Macht der Liebe ergreifen und schütteln zu lassen. Es ist kennzeichnend, dass Spannungsmeister Alfred Hitchcock und seine Alma mit diesem Trauspruch heirateten. Beide waren Mitte zwanzig. Die Ehe hielt über fünfzig Jahre, bis der Tod sie schied; und sehr wahrscheinlich hat ihre Liebe auch den Tod überlebt. In angelsächsischen Ländern ist dieser machtvolle Spruch beliebt, seit William Shakespeare ihn für sein denkwürdiges Paar Hamlet und Ophelia auserkor, freilich nur im Entwurf des Theaterstückes. Die beiden heiraten bekanntlich nicht, und so taugen sie nicht als rosiges Idyllenvorbild. Vielmehr sind sie Gratwanderer der Liebe, unerreichbar für Ratschläge wohlmeinender Verwandter, jenseits aller Bürgerlichkeit. Paare, die sich heute diesen Spruch aussuchen, sind das ebenfalls. Sie sind leidenschaftlicher, unabhängiger und risikobereiter als andere. Zwischen Elvis Presley und Priscilla, die unter diesem Motto heirateten, stürmte und donnerte es immer wieder gewaltig – zumal sie vierzehn war und er vierundzwanzig, als sie sich kennenlernten. Mittlerweile hat Priscilla die bedeutendste Gedächtnisstätte errichtet, die je einem Popstar geweiht war. Dergleichen grenzwertige Partnerschaften sind typisch für den Spruch und seine Liebhaber. Laue Beziehungen gibt es hier nicht. Vielmehr bleibt Hochspannung, mit Liebesgrüßen von Hitchcock, für Jahrzehnte garantiert.

Man sollte niemals böse aufeinander ins Bett gehen.
Es macht viel mehr Spaß, aufzubleiben und zu streiten.
Whoopie Goldberg

Wenn zwei Partner dasselbe denken, ist einer von
ihnen überflüssig. Winston Churchill

Von der großen Leidenschaft zu einem Mann kann
nur eines heilen: die Ehe. Lauren Bacall

Wenn ein Mann sich um ein Weib bemüht,
weiß er noch nicht, was ihm später blüht.
Johann Nestroy

Seid eines Sinnes untereinander und haltet Frieden

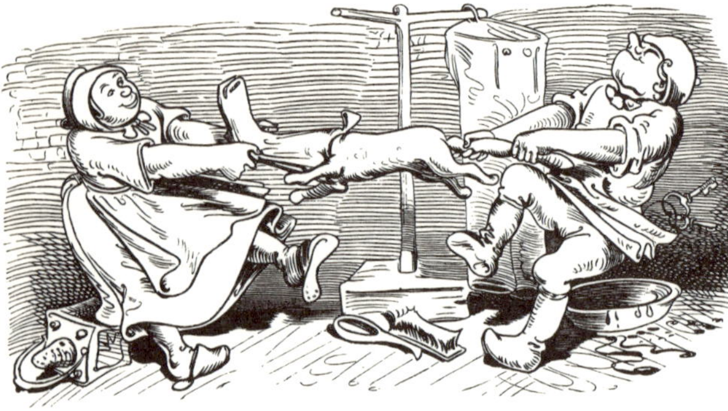

Seid eines Sinnes untereinander. Trachtet nicht nach hohen Dingen, sondern haltet euch zu den Geringen. Haltet euch nicht selbst für klug. Ist es möglich, haltet mit allen Menschen Frieden.

Paulus an die Römer, Kapitel 12, Vers 16–18

Der Spruch wird häufig von temperamentvollen Partnern gewählt. Von solchen, die einander schon eine Zeit lang kennen und deshalb wissen, dass ihre Stimmungen und Charaktere nicht immer in paralleler Harmonie schwingen. Als die Schauspieler Richard Burton und Liz Taylor zum zweiten Mal einander heirateten, wählten sie diesen Spruch. Durch die erste Ehe und ein paar schmerzhafte Interimsbeziehungen waren beide klug geworden. Andere Paare sind schon von Beginn an klug. Die Ehe zwischen Friedrich dem Großen und Elisabeth von Braunschweig wurde gleich unter diesem Motto geschlossen. So lebten die beiden denn überaus friedlich, wenn auch vielleicht weniger miteinander als nebeneinander. Das ist schon mehr, als andere schaffen. Tatsächlich beseelt Paare, die sich zu dieser Aussage bekennen, eine bewundernswerte Bereitschaft zu freundlicher Konfliktlösung. Anderswo wird geschwiegen und gekaut und geschluckt, bis sich die gestauten Kritikpunkte in einer verletzenden Explosion entladen. Bei ihnen werden die strittigen Situationen früh und konkret angesprochen. Auf die Weise kommt es nicht zu Unterstellungen und nicht zu zerstörerischen Generalangriffen. Finanzen, Ordnungssinn, gemeinsam und getrennt verbrachte Zeit, Kindererziehung, Aufgabenteilung: Die Paare mit diesem Trauspruch gehen die Themen jedes für sich und fest umrissen an. So ersparen sie sich aufreibende Machtkämpfe. Sie schaffen es sogar, noch nach Jahren einander zuzuhören. Dass dann ab und zu doch noch die Türen knallen und die Untertassen fliegen, kann nur am Wind liegen. Oder, noch besser, an nimmermüder Leidenschaft.

Ein Mann, der den Mund hält, wenn er unrecht hat,
ist weise. Einer, der den Mund hält, wenn er recht hat,
ist verheiratet. Pamela Anderson

Die größte militärische Leistung des Jahrhunderts
ist meine Ehe. Friedrich Dürrenmatt

Wer glaubt, die Ehe mache glücklich, hat einfach noch
nicht den richtigen Partner getroffen. Jane Austen

Nur zwei Dinge sind nötig, um eine Frau zufrieden-
zustellen. Erstens muss man ihr den Glauben einflößen,
alles geschehe nach ihrem Willen. Zweitens muss man
tatsächlich alles nach ihrem Willen geschehen lassen.
John F. Kennedy

Dient einander, ein jeder mit seiner Gabe

Dient einander, ein jeder mit der Gabe,
die er empfangen hat, als die guten Haushalter
der vielerlei Gnade Gottes.

1. Petrus-Brief, Kapitel 4, Vers 8

Einige Künstlerehen sind unter diesem Wort geschlossen worden. Die meisten haben gehalten. Nicht jedoch diejenige der Oscar-prämierten Schauspieler Kenneth Branagh und Emma Thompson. Die beiden gelobten einander mit diesem Petrus-Motto Liebe, Freundschaft und Treue. Es heißt, sie halten sich immer noch daran. Doch sie leben nicht mehr zusammen. »Wir versuchten einander nicht mit unseren Gaben zu dienen«, erzählte Emma Thompson. »Wir versuchten einander zu überflügeln.« Verständlich, wenn man denselben Beruf hat. Aber schwierig für eine Ehe. Theodor Fontane suchte sich denselben Petrus-Vers aus, als er mit dreißig Jahren seine Emilie heiratete und fortan nicht mehr als Apotheker, sondern als freier Schriftsteller sein Brot verdienen wollte. Die beiden dienten einander und führten eine harmonische, kreative Ehe. Etwas Ähnliches lässt sich wohl auch über eine berühmte und skeptisch beäugte Partnerschaft sagen: diejenige von Prinz Charles und Camilla. Aus Erfahrung klug geworden, wählten die beiden für ihre diskrete Hochzeit diesen Vers, um zu dokumentieren: Wir konkurrieren nicht, wir unterstützen einander. Partner, die dieses Motto wählen, wissen, dass Ehe nicht Egoismus zu zweit bedeutet. Vielmehr sind sie in der Lage, dann und wann ihre eigenen Bedürfnisse hintanzustellen. Sie sind bereit, für den anderen zuweilen mehr zu tun als für sich selbst. Und noch eine andere seltene Eigenschaft ist ihnen gemeinsam: Dankbarkeit. Diese Begabung reicht eigentlich schon aus. Denn das Glück, sagt eine Erkenntnis des Dichters Fontane, wohnt bei den Dankbaren.

Männer heiraten, weil sie müde sind; Frauen,
weil sie neugierig sind. Beide werden enttäuscht.
Rahel Varnhagen

Mit der Heirat erhofft man sich Ruhe an der Privat-
front, und dann ist plötzlich eine Frau im Haus.
Raymond Chandler

Eine Frau, die glücklich ist, braucht nicht auch noch
ihren Mann glücklich machen. Eleonore von Aquitanien

Eine Frau macht sich Sorgen um ihre Zukunft.
Bis sie heiratet. Ein Mann macht sich keine Sorgen
um seine Zukunft. Bis er heiratet. Yves Montand

Ertragt euch gegenseitig und vergebt einander

Ertragt euch gegenseitig und vergebt einander,
wenn einer dem anderen etwas vorzuwerfen hat.
Wie der Herr euch vergeben hat, so vergebt auch ihr.
Paulus an die Kolosser, Kapitel 3, Vers 13

Der Spruch war besonders beliebt bei Fürstenhochzeiten im Mittelalter. Ehen wurden damals nicht aus Liebe geschlossen, sondern um die Herrschaft zu sichern und den Besitz auszubauen. Die Liebe konnte sich dann später entwickeln oder auch nicht. Doch überraschend häufig tat sie das. Zum Beispiel bei Friedrich Barbarossa und Beatrix von Burgund, die im zwölften Jahrhundert mit diesem Spruch heirateten. Barbarossa war achtunddreißig, sie höchstens fünfzehn. Man galt damals mit vierzehn als erwachsen. Mit zwanzig gebar sie das erste von zehn Kindern; immerhin von dreien soll er der Vater gewesen sein. Dankbar war er für jedes. »Ertragt euch gegenseitig und vergebt einander« lautete auch der Trauspruch von Maria Luise, der Königin von Spanien um 1765, und ihres Gatten Karl, der sich in eigentümliche Hobbys vergrub, während sie die besten Liebhaber des Hofes ausprobierte. Paare, die diesen Spruch wählen, sind zu Großzügigkeit und Toleranz entschlossen. Sie sind frei von der Vorstellung, der andere müsse jede Sehnsucht stillen und alle Träume erfüllen. Sie sind bereit, einander Freiheit zu lassen – und wachsen mit der Zeit zu erstaunlicher Zweisamkeit zusammen. Sie bleiben Individuen und gehören in späten Jahren zu den faszinierendsten Paaren – selbst wenn sie sich nur noch gelegentlich sehen wie Picasso und Olga, die unter diesem Motto eine abenteuerliche vierzigjährige Ehe erlebten. Wer lange genug lebt, stellte Olga Picasso fest, gelangt zwangsläufig zu dem milden Seelenfrieden dieses Spruches. Wer ihn von Anfang an als Überschrift nimmt, ist der Weisheit schon eindrucksvoll nahe.

In einigen urtümlichen Stammeskulturen lernt
ein Mann seine Frau erst kennen, wenn er sie heiratet.
Sonderbar. Aber eigentlich genau wie bei uns.
Arnold Schwarzenegger

Optimist ist ein Ehemann so lange, wie er nicht
informiert ist. Verona Pooth

Die Ehe ist der Versuch, zu zweit mit Problemen
fertig zu werden, die man alleine nie gehabt hätte.
Woody Allen

Was bedeutet es, wenn du nach Hause kommst zu
einem Mann, der dir Liebe, Zuwendung
und Zärtlichkeit gibt? Es bedeutet, dass du dich
in der Tür geirrt hast. Bette Midler

Ich bin bei euch alle Tage, bis an das Ende der Welt

Ich bin bei euch alle Tage, bis an das Ende der Welt.

Matthäus, Kapitel 28, Vers 20

In dem Spruch verbirgt sich die Hoffnung auf Zuverlässigkeit. Und manchmal auch eine handfeste Zusage. Es kommt darauf an, wer ihn aussucht. Als Maximiliane La Roche und Peter Brentano heirateten, im Zeitalter des Rokoko, wusste die achtzehnjährige Maxi nicht, welchen Bibelvers sie für die Trauung wählen sollte. Ihre Mutter nahm ihr die Mühe ab: »Ich bin bei euch alle Tage.« Und so geschah es denn auch. Maxis Mutter zog zu dem jungen Paar und blieb, gefühlt bis ans Ende der Welt. Wenn Mütter oder Schwiegermütter diesen Vers vorschlagen, ist also eine kurze Bedenkzeit angeraten. Sie können zählebig sein. Bei der Heirat der Prinzessin Luise zu Mecklenburg mit dem schüchternen Preußenprinzen Friedrich Wilhelm III. suchte dessen Mutter den frommen Vers aus.

Fortan schwebte oder spukte sie als sittenstrenger Geist über der Ehe. Allerdings: Dem Glück des Paares schadete es nichts. Staunenswert – und zugleich folgerichtig. Denn der Vers drückt ein unerschütterliches Vertrauen aus. Paare, die ihn wählen, wissen, dass sie sich auf etwas verlassen können, das stärker ist als Verwandtschaft, Freunde, Nachbarn, Förderer und Feinde. Auf höhere Weisheit. Auf einen unsichtbaren Wagenlenker, der die Sache schon schaukelt. Ein Beispiel sind Norwegens Prinz Haakon und seine bürgerliche Frau Mette-Marit: Sie hatten Freunde und Feinde im Überfluss. Der Hochzeitsspruch drückte nicht nur ihren Wunsch aus, unabhängig von allen zu sein, sondern auch ihr Vertrauen auf den richtigen Gang der Dinge. Zu Recht. Da wirkt eine höhere Intelligenz, auf die Verlass ist. Alle Paare, die diesen Spruch wählen, ahnen und erfahren das.

Wenn zwei Liebende sich einig sind, brauchen sie
eine Schwiegermutter. Oprah Winfrey

Die meisten Ehen dauern länger
als beide Weltkriege zusammen. Karlheinz Deschner

Wenn eine Frau herausfinden will, wie ein Leben
ohne Mann wäre, muss sie heiraten. Naomi Campbell

Es kann hart sein, die Frau zu verlieren.
Und manchmal ist es fast unmöglich. Mel Brooks

Alle eure Dinge lasst in der Liebe geschehen

Alle eure Dinge lasst in der Liebe geschehen.
Paulus an die Korinther, 1. Brief, Kapitel 16, Vers 14

Die Empfehlung ist klar und einfach. Sich daran zu halten, scheint etwas schwieriger. Einige abenteuerliche Ehen sind unter dieser Losung geschlossen worden. Zum Beispiel diejenige zwischen Philipp dem Schönen und Johanna, der Tochter der Isabella von Kastilien. Es war eine lebenslange Affäre. Als die beiden einander zum ersten Mal sahen, war es um sie geschehen. Philipp, damals neunzehn Jahre alt, Johanna war sechzehn, bestand darauf, augenblicklich müsse ein Priester kommen, um sie zu trauen. Der fromme Mann fand gerade noch Zeit, das Wort des Paulus zu stammeln: »Alle eure Dinge lasst in der Liebe geschehen!«, da waren die beiden bereits verschwunden. Im Schlafgemach. Die meiste Zeit ihrer Ehe verbrachten sie dort. Johanna kam wegen ihrer lautstarken Leidenschaft als »die Wahnsinnige« zu Ruhm, Philipp wegen seiner männlichen Vollkommenheit als »der Schöne«. Sie waren das Paar des Jahrhunderts. Ähnlich stürmisch verlief die Ehe des Ritters Leopold von Sacher-Masoch mit Aurora Rümelin. Die beiden liebten sich mit wollüstigem Schmerz und wechselten einander ab in Herrschaft und Unterwerfung. Weil sie darüber begeistert Tagebuch führten, ist nach ihnen der Masochismus benannt. Warum nicht? Sie ließen »alles in Liebe geschehen«, ihrem Trauspruch gemäß. Paare, die dieses Motto wählen, verfügen über eine rare Kombination von Leidenschaft und innerer Gelassenheit. Was immer geschieht, und selbst wenn es nach dem Gegenteil aussieht: Im Innersten spüren sie, dass es aus Liebe geschieht. In allerletzter Wahrheit geht es gar nicht anders.

Für eine Frau ist es besser, einen Mann zu heiraten, der sie liebt – als einen, den sie liebt. Ingrid Bergman

Mit einer Frau kommt Wärme ins Haus, denn der weibliche Körper hat eine Durchschnittstemperatur von knapp 37° C. Das spart Heizkosten. George Burns

Das beste Aphrodisiakum ist ein Mann, der nach dem Essen das Geschirr abwäscht. Cher

Frauen lieben die Besiegten, aber sie betrügen sie mit den Siegern. Henri Toulouse-Lautrec

Die Liebe sei ohne Falsch

Die Liebe sei ohne Falsch. Hasst das Böse, haltet fest am Guten. Paulus an die Römer, Kapitel 12, Vers 9

Auf den ersten Blick wirkt es sonderbar, dass ausgerechnet Michael Jackson und Lisa Marie Presley unter diesem Motto heirateten. Doch ein sehnsüchtiger Wunsch stand dahinter. Der Wunsch, den alle Paare teilen, die diesen Spruch wählen: ehrlich zu bleiben, nie zu täuschen, nicht zu heucheln, wahrhaftig zu sein, offen, aufrichtig, treu. Wenn die Ehe von Michael und Lisa kurz war, dann wohl deshalb, weil beide sich an die Quintessenz dieses Spruches hielten: keine Lügen. Auch Operngroßmeister Richard Wagner und Cosima von Bülow heirateten mit diesem Leitsatz. Wagner war nicht als der ehrenhafteste aller Künstler bekannt. Doch für beide war es ein Neuanfang, für beide die zweite Ehe, beide wollten es besser machen. Das schafften sie sogar. An den Grundsatz gegenseitiger Aufrichtigkeit hielten sie sich mit verblüffender Ausdauer. Offenheit, notierte Cosima, bringe zwar zuweilen kurzfristig Schwierigkeiten, mache jedoch die Ehe auf lange Sicht immer klarer, einfacher, liebevoller. Klingt gut. So ähnlich muss es sich auch Frau Berlusconi gedacht haben, als sie ihren Silvio ehelichte. Nach zwanzig Jahren Ehe, berichtete sie, wurde er allerdings nur noch ungern an diesen Trauspruch erinnert. Macht nichts. Der Konsequenz des Spruches entgeht niemand, auch nicht der trickreichste Schlawiner. Die Wahrheit setzt sich letzten Endes durch. Nur eine Liebe, die klar ist, hat Dauer und wird immer stärker. Alles andere verweht. Große Philosophen wie Platon haben festgestellt, dass Wahrheit und Liebe letzten Endes ein und dasselbe sind. Wahrscheinlich stimmt das. Die meisten Paare sind schon dankbar, wenn Wahrheit und Liebe in der Ehe zu spüren sind.

Wissen Sie, was tragisch ist? Einen Mann aus Liebe heiraten und dann herausfinden, dass er kein Geld hat.
Mena Suvari

Wenn eine Frau hinterher die Dumme ist, kann man sicher sein, dass sie es schon vorher war.
Georg Christoph Lichtenberg

Mit Anstand alt werden? Lieber unanständig jung bleiben. Erica Jong

Viele Frauen sind auf ihren guten Ruf bedacht, aber glücklich werden nur die anderen. John Goodman

Ich bleibe stets bei dir

Ich bleibe stets bei dir; denn du hältst mich bei meiner rechten Hand. Psalm 73, Vers 23

Eigenartig – es sind häufig unruhige Paare, die sich dieses Leitwort aussuchen. Es handelt vom Bleiben. Doch häufig geht einer von den Partnern auf Reisen. In den Zeiten der christlichen Seefahrt war dieser Trauspruch der Klassiker bei der Heirat von Matrosen, deren Schatz winkend am Strand stehen blieb. Der Psalmvers enthält das Versprechen der Treue. Und wenn sich die Treue auf die Liebe bezieht, trifft er auf jeden Fall zu. Die Liebe bleibt, und sie bleibt tragfähig. Sie ist vielleicht das einzig Tragfähige, selbst wenn der Partner sich als Zausel erweist. Der Bankier Paul Gauguin wählte diesen Spruch für die Heirat mit der Dänin Mette-Sophie. Kurz nach der Ehe entdeckte der Fünfundzwanzigjährige sein Talent als Maler. Die Treue reichte noch für fünf Kinder, dann reiste er in die Südsee, offiziell wegen der Farben und des Lichtes. Die beiden Eheleute blieben bis zu seinem Tod in engem Briefkontakt. Mette lebte, wie sie schrieb, »glücklich und in Liebe«. Na bitte. Eine vergleichbare Ehe führten Antoine de Saint-Exupéry und die Salvadorianerin Consuelo. Abwesenheiten, Zerwürfnisse, Versöhnungen, Turbulenzen. Aber die Sache hielt. »Selbst wenn er nicht hier ist, fühle ich mich voller Liebe«, notierte sie. Der ablenkbare Ehemann setzte der feurigen Blüte ein Denkmal: Er machte seine Frau zum Rosen hütenden Kleinen Prinzen. Es geht aber auch ruhig und gleichmäßig: Margaret Rutherford, die klassische Miss Marple, heiratete ihren Schauspielpartner Stringer Davis. Den Trauspruch wählten sie als Inbegriff zärtlicher Zuneigung. Beide waren schon jenseits der fünfzig. Es folgte eine dreißigjährige Ehe in liebevoller Beständigkeit. Die Schwächen eines Partners seien nur Kehrseiten seiner Stärken, fand Marple-Margaret heraus, und Akzeptanz, Humor, Geduld seien die Nahrung der Zweisamkeit. »Verliebtheit ist ein Rausch«, erklärte sie. »Erst wenn der Rausch abklingt, beginnt die Liebe.« Na, schauen wir mal.

Zweifele nie am guten Urteil deiner Frau.
Immerhin hat sie ein Genie geheiratet. Federico Fellini

Männer sind wie Zähne: wollen nicht kommen,
bereiten Schmerzen, werden faul und fallen aus.
Ingrid van Bergen

Der Anblick einer heraneilenden Frau macht froh,
der Anblick einer fortgehenden Frau macht selig.
W. C. Fields

Witwenschaft ist oft die einzige Entschädigung,
die eine Frau für die Ehe bekommt. Bertha von Suttner

Von allen Seiten umgibst du mich

Von allen Seiten umgibst du mich und hältst deine Hand über mir. Psalm 139, Vers 5

Dieser Vers hat die Qualität eines Zauberspruches. Seit den Tagen des Königs David verleiht er, so scheint es, magischen Schutz. Häufig wählen ihn Paare, die sich behaupten wollen: gegenüber skeptischen Verwandten, tuschelnden Freunden oder gar einem ganzen argwöhnischen Königreich. Und siehe da, sie können sich behaupten! Sie wachsen gemeinsam. Sie werden sich jetzt erst ihrer Stärke bewusst. Eines der berühmtesten Paare des vergangenen Jahrhunderts, dem es so ging und das unter diesem Motto heiratete, waren Edward VIII. und Wallis Simpson. Er war der König von England, sie eine geschiedene bürgerliche Amerikanerin. Völlig unmöglich! Er gab sein Königtum auf für sie. Und siehe da, die sogenannte Mesalliance wurde zur vorbildlichen Liebesehe der Epoche, bis der Tod die beiden fünfunddreißig Jahre später schied. Als der umschwärmte Schauspieler Marcello Mastroianni seine Kollegin Flora Carabella heiratete, wussten alle: Das kann ja gar nicht gut gehen! Und es ging gut, ein paar Schritte vom Wege eingeschlossen. Die Ehe hielt fast fünfzig Jahre, ebenfalls bis der Tod sie schied. Von allen Seiten umgibst du mich: Es sind zärtliche Paare, die sich unter diesem Spruch zusammentun. Paare, deren Liebe den Verwandten und Zuschauern oft ein unlösbares Geheimnis bleibt. Es sind Paare, die sich nicht hineinreden lassen. Die sich getragen fühlen von gegenseitiger Zuwendung, von Teilnahme, Verständnis, Vertrauen. Natürlich meint der Psalmvers nicht, dass der eine Partner ständig um den anderen herumwieselt. Sondern dass beide von dem umgeben sind, was die Substanz der Partnerschaft ist und im weiteren Sinne sogar die Substanz der Schöpfung: Liebe. Manche nennen es auch: Gott. Gemeint ist das, was alles trägt. Und genau das ist es, was die Paare unter diesem Spruch behütet – und worauf sie sich verlassen können.

Ehen und Weine werden mit den Jahren sauer.
Victor Hugo

Ewige Liebe ist Ewigkeit in ihrer vergänglichsten Form.
Meryl Streep

Heirate ruhig. Bekommst du eine gute Frau,
wirst du glücklich, bekommst du eine schlechte,
wirst du Philosoph. Sokrates

Eine Frau muss sich beizeiten überlegen,
wie sie zur seligen Witwe werden kann. Ingrid Noll

Mein Herz ist bereit, dass ich singe

Mein Herz ist bereit! Mein Herz ist bereit, dass ich singe und lobe. Psalm 57, Vers 8

Bei einer Hochzeit wird gewöhnlich Sekt oder Champagner getrunken. In diesem Fall darf es auch Bier sein. Denn mit genau diesem Trauspruch heirateten Ludwig I. von Bayern und Therese von Sachsen im Oktober 1810. Ihre Hochzeit wird seither jedes Jahr erneut mit vielerlei Gesang und Prost gefeiert: beim Oktoberfest. Auf eben jener Wiese, die nach der Königin benannt ist, der Theresienwiese. Paare, die zu feiern wissen, suchen sich diesen Psalmvers aus. Paare, die wie Ludwig und seine Resi keine Kinder von Traurigkeit sind, wie es diskret umschrieben wird. Und es ist sicher kein Zufall, dass dieser Trauspruch einem legendären Paar zugeordnet wird, das bestimmt nicht kirchlich heiratete: Robin Hood und Maid Marian. Die holde Marian war eine wohlerzogene Bürgerstochter, er ein handfester Bad Boy. Ihre Trauung, vorgenommen von einem entlaufenen Priester, fand statt auf einer Waldlichtung vor der Räuberhöhle im Sherwood Forest. Die beiden sollen viel Spaß miteinander gehabt und eine Menge Unsinn ausgeheckt haben. Ja, es sind sinnliche Paare, die sich mit diesem fröhlichen Wort ins Eheleben begeben. Es sind lustige, zu Späßen aufgelegte Paare. Sie handeln eher spontan aus dem Herzen als aus dem Verstand. Das kann nicht ganz verkehrt sein, doch gelegentlich führt es zu Überraschungen. Siehe Madonna und Guy Ritchie, die sich diesen Spruch aussuchten. Sieben Jahre lang besangen und lobten sie einander; im achten verstummten sie. Heute, so beteuern die beiden, verstehen sie sich besser denn je. Na, immerhin. Das stets bereite Herz der mit diesem Spruch gesegneten Partner verstrickt sich zuweilen in Verwirrungen. Aber es geht alles gut aus. Prosit.

Der Hund ist das Symbol der Treue, aber wir halten ihn lieber an der Leine. Marie Tussaud

Fehlt es einem Mann an Gelegenheit, glaubt er an seine Treue. Rabbi Eliezer

Die Männer sind nicht immer, was sie scheinen, allerdings selten etwas Besseres. Queen Victoria

Es gibt nur etwas, das teurer ist als eine Frau – nämlich eine Exfrau. Jack Nicholson

Es ist ein köstlich Ding, dass das Herz fest wird

Es ist ein köstlich Ding, dass das Herz fest wird;
es geschieht durch Gnade.
Paulus an die Hebräer, Kapitel 13, Vers 9

Mit ihr sei sein Herz zur Ruhe gekommen, schrieb der Schriftsteller Hermann Hesse, als er vierundfünfzigjährig die Frau heiratete, mit der er versuchsweise schon einige Jahre zusammengelebt hatte. Er empfand es als Gnade, sie wohl auch, und so heirateten sie unter dem Motto des Paulus-Verses. Und lebten froh und gefestigt fort. Ein eigentümliches Paar hatte bereits vor ihnen diesen Spruch als Leitwort für die Ehe genommen: Karl May und Emma Pollmer. Sie war vierundzwanzig und vernünftig, er achtunddreißig und ein Schwindler. Sie schaffte es, seinen flunkernden Einfallsreichtum in produktive Bahnen zu lenken. Dank ihrer stabilisierenden Wirkung wurde er zum Erfolgsschriftsteller. »She helped me settle down«, notierte auch George Bush jr., ehemals Alkoholiker, über seine Frau. »Sie half mir zur Ruhe zu kommen.« Auch diese beiden heirateten unter der Maxime des gefestigten Herzens. Dass die Ehe ein Anker ist, dass das Herz gegründet wird: Das erwarten Paare, wenn sie dieses Wort als Trauspruch nehmen. Und sie erwarten es zu Recht. Sie wissen, dass Widerstände, Reibung und Kämpfe dazugehören. Immerhin wollen zwei Egos ihre Claims abstecken. Aber beide lernen sich selbst dabei besser kennen, den anderen natürlich auch. Und selbst wenn die Ehe irgendwann geschieden wird, sind beide unter Küssen und Konflikten zu gereiften Persönlichkeiten geworden. In dem Vers kommt das Wort »Gnade« vor: Die Festigung des Herzens, heißt das, ist ein Geschenk. Angeboten wird es jedem. Nicht jeder will es gleich annehmen, denn die Unruhe des Herzens kann ja aufregend sein und Spaß machen. Doch Paare, die diesen Trauspruch wählen, haben das Geschenk verdient. Sie erlangen, was er verspricht: Frieden.

Die Männer, die am besten mit Frauen auskommen,
sind dieselben, die glänzend ohne sie auskommen.
Charles Baudelaire

Vermutlich stimmt es, dass Töchter einen Mann
heiraten, der ihrem Vater ähnelt. Warum sonst
weinen so viele Mütter in der Kirche? Birgit Nilsson

Es ist immer wieder bedrückend, wie intelligent
Frauen sein können. Gregor von Rezzori

Von Sex verstehe ich nichts. Ich war immer verheiratet.
Zsa Zsa Gabor

Seid fröhlich, geduldig und beharrlich

Seid fröhlich in der Hoffnung, geduldig in Bedrängnis, beharrlich im Gebet.
Paulus an die Römer, Kapitel 12, Vers 12

Dieser Trauspruch wird von bescheidenen Paaren bevorzugt. Oder wenigstens von solchen, die Bescheidenheit zur Schau tragen. Johnny Cash und June Carter sind so ein Beispiel. Oder Heinrich und Kunigunde – das anmutigste Kaiserpaar, das Deutschland je regierte. Die beiden heirateten um das Jahr 1000 und wurden etwas später zu Kaiserin und Kaiser gekrönt. Die Zeugnisse, die es von ihnen gibt, belegen zweierlei: Sie führten eine harmonische Ehe und regierten das Land gemeinsam. Kunigunde war die erste bedeutende Mitregentin; sie führte eine Art Gleichstellung ein. Sie war klug und diplomatisch geschickt. Und die beiden blieben, sonderbar genug für ein Herrscherpaar, einfach und bescheiden. Von Johnny Cash und June Carter lässt sich Ähnliches sagen. Dass ihre Ehe immer harmonisch verlief, wird sich nicht behaupten lassen. Dass sie nach allerlei Kriselei wieder zusammenfanden, ist allerdings sicher. Und dass die heitere June Struktur und Klarheit in das Leben ihres umwölkten Mannes brachte, ist ebenso sicher. So wurden die beiden in Musik und Alltag ein sehenswertes und hörenswertes harmonisches Duo. Paare, die sich dieses Paulus-Wort aussuchen, legen häufig eine sympathische Lässigkeit an den Tag. Sie wollen nicht nur fröhlich, geduldig, beharrlich sein – sie sind es schon. Sie hegen keine wolkigen Illusionen und sind deshalb gegen Abstürze gefeit. Sie wissen, worauf sie sich verlassen könne. Sie verfügen über jene Mischung aus Romantik und Realismus, aus der haltbare Ehen geschmiedet sind. Man sieht sie gern. Hört sie gern. Man ist gern mit ihnen zusammen.

Die meisten Ehemänner sind der beste Beweis dafür,
dass Frauen Humor haben. Donna Leon

Ein Mann ist so gut, wie er sein muss. Eine Frau
so böse, wie sie sich traut. Sándor Márai

Gäbe es keine Ehen, würden die Männer durchs Leben
gehen und denken, sie hätten überhaupt keine Fehler.
Queen Mum

Im ersten Ehejahr strebt ein Mann die Vorherrschaft an.
Im zweiten kämpft er um die Gleichberechtigung.
Ab dem dritten ringt er um die nackte Existenz.
George Bernard Shaw

Tragt einander in Liebe und seid einig im Frieden

Tragt einander in Liebe und bemüht euch, die Einigkeit im Geist zu wahren durch das Band des Friedens. Paulus an die Epheser, Kapitel 4, Vers 2–3

Es sind nicht immer die friedfertigsten Paare, die sich diesen Spruch aussuchen. Manchmal sind es sogar Paare, die ausgesprochen gern streiten. John F. Kennedy und Jacqueline zum Beispiel. Sie fanden Streit belebend. Nach außen trugen sie goldene Harmonie zur Schau, intern war ihr Leben reich an leidenschaftlichen Auseinandersetzungen. Sie wählten diesen Trauspruch, vermutete Biograph Edward Klein, aus demselben Grund, aus dem ähnlich kampflustige Paare ihn wählen: nicht weil sie friedlich sind, sondern weil sie sich nach Frieden sehnen. Die Sehnsucht nach Frieden finden sie sogar noch schöner als den Frieden selbst. Den halten sie insgeheim für langweilig. »Kaum etwas spornt so sehr zum Schöpfertum an wie der

Streit«, behauptete der russische Schriftsteller Lew Tolstoj. Mit dem friedfertigen Trauspruch des Paulus hatte Tolstoj seine vierzehn Jahre jüngere Frau Sofja geheiratet. Die Ehe wurde ein lebenslanges Liebesgefecht, und zwar ein schöpferisches. Stets kritisiert von seiner kratzbürstigen Frau, schrieb Tolstoj Wälzer, unter denen Bibliothekare und Leser heute noch ächzen. Tolstojs Bemerkung, Krieg breche immer wieder aus, weil Frieden als zu gleichförmig empfunden werde, traf auf seine Ehe auf jeden Fall zu. Ein bisschen vielleicht auf jede Ehe. Es gibt keine zwei Menschen, die letzten Endes einer Meinung sind. Daraus erwächst die kreative Auseinandersetzung. Sie mündet in Frieden – und erhebt sich dann von neuem. Dieses Spiel endet nie. Dass es von Liebe getragen wird, ja, dass sogar das schärfste Gefecht immer vor dem Hintergrund der Liebe stattfindet: Das wissen oder ahnen die Paare, die mit diesem Trauspruch heiraten.

Wer sich nicht vor seiner Frau fürchtet, hat keine.
Goldie Hawn

Eine Frau hat immer das letzte Wort in einem Streit.
Wenn ein Mann dann noch etwas sagt, ist das der
Beginn eines neuen Streits. Jean Paul Belmondo

Es hat keinen Zweck, sich mit Männern zu streiten.
Sie haben ja doch immer unrecht. Kate Winslet

Selbst wenn eine Frau nicht redet,
macht sie doch Geräusche. Charles Bukowski

Lasset uns einander lieb haben, denn die Liebe ist von Gott

Lasset uns einander lieb haben, denn die Liebe ist von Gott; und wer liebt, ist von Gott geboren und kennt Gott. 1. Brief des Johannes, Kapitel 4, Vers 7

Für eines der berühmtesten Paare der Weltliteratur war genau dieser Trauspruch vorgesehen: für Lizzie Bennet und Mr. Darcy. Die beiden sind die romantischen Helden von Jane Austens ewigem Bestseller »Stolz und Vorurteil«. Jane, Tochter eines Geistlichen, ließ das Paar in der Erstfassung unter diesem frommen Vers in die Ehe treten. Der Verleger strich ihr den Spruch. Er sei »zu edelmütig für ein junges Paar«. Hoffen wir, dass Lizzie und Mr. Darcy trotzdem glücklich wurden. Tatsächlich ist der Spruch nicht der leidenschaftlichste von allen. Er hat etwas Gutherziges, Sanftmütiges und verspricht eher einen ruhigen Lebensabend als turbulente Flitterwochen. Es ist kein Zufall, dass der irische Einsamkeitsdichter Samuel Beckett diesen Vers auswählte, als er seine Gefährtin Suzanne Deschevaux heiratete – nachdem sie bereits fünfundzwanzig Jahre zusammengelebt hatten. Die wilden Zeiten lagen hinter ihnen, nun ging es um Aufmerksamkeit, Hinwendung, Güte. Daraus besteht die Liebe jenseits des Begehrens. Man achtet aufeinander. Man kümmert sich. Eines der sonderbarsten Paare jedoch trennte sich mit diesem Spruch: Kaiser Karl V. und die schöne Bürgerstochter Barbara Blomberg. Die beiden hatten ein Kind zusammen, durften aber wegen des Standesunterschiedes keine Ehe eingehen. Stattdessen heiratete Barbara einen kaiserlichen Beamten und hatte mit ihm noch drei weitere Kinder. Der fromme Spruch, den die beiden sich aussuchten, zeugt von Respekt, Wertschätzung und liebevoller Zuneigung. Und tatsächlich sollen sie überaus glücklich gewesen sein. Paare, die sich dieses Motto aussuchen, haben gute Chancen. Denn es zeugt von Überlegung und bedachtsamem Handeln. Und von der Entschlossenheit, das Wir über das Ich zu stellen. Edel und nobelpreisverdächtig.

Die Männer sind alle verschieden,
aber die Ehemänner sind alle gleich. Shirley Bassey

Der Frau seines Lebens begegnet man nur einmal,
aber das kann schon einmal zu viel sein.
G. K. Chesterton

Es gibt nur zwei Zeiten im Leben, in welchen uns die Männer nicht verstehen: Vor der Heirat. Und nach der Heirat. Anna Amalie

Erst wenn man sieht, wen manche Frauen heiraten, kann man ermessen, wie sehr sie das Geldverdienen hassen.
Jeff Goldblum

Wer in der Liebe bleibt, bleibt in Gott

Gott ist die Liebe; und wer in der Liebe bleibt, der bleibt in Gott und Gott in ihm. 1. Brief des Johannes, Kapitel 4, Vers 16

Don Camillo ist einer der Berühmtesten, die unter dieser Maxime heirateten. Nicht der Priester Don Camillo im Film. Der blieb ehelos. Aber sein Darsteller: Fernand Contandin, genannt Fernandel. Dieser gutmütige Komödiant heiratete zweiundzwanzigjährig seine angebetete Henriette und hatte bis an sein Lebensende das Gefühl, in dieser Liebe von Gott gesegnet zu sein. Glückwunsch. Es sind gläubige Paare, die sich diesen Spruch aussuchen. Zum Beispiel Rembrandt van Rijn, der tiefblickende Porträtist und Maler biblischer Szenen. Er heiratete die wohlhabende Bürgerstochter Saskia mit diesem frommen Spruch vom Segen der Liebe. Und tatsächlich waren die Jahre seiner Ehe die Jahre einer gesegneten Produktivität, bis dass der Tod die beiden schied. Dann ging es abwärts.

Albert Schweitzer, der unter demselben Leitwort seine Helene heiratete, wies darauf hin, dass der Satz ebenso in der Umkehrung zutreffe: Wer mit der Schöpfung verbunden bleibt, der bleibt in der Liebe. Es ginge gar nicht anders, meinte der Friedensnobelpreisträger. Denn letzten Endes geschehe alles aus Liebe. Na, hoffen wir's. Die meisten Paare sind zufrieden, wenn sie einen Abglanz der Liebe bewahren können, mit der sie in die Ehe starten. Und immerhin vom Bleiben der Liebe ist ja im Spruch die Rede. Dass es nicht die aufgeregte, umstürzende Leidenschaft des Anfangs bleibt, ist beiden Partnern klar. Dass die Liebe reift und tiefer wird, hat man ihnen auch schon erzählt. Der Spruch geht aber noch weiter. Er besagt: Die Liebe, die durch die Partnerschaft entwickelt wird, erweist sich letzten Endes als die Substanz der Seele. Wer auf den Grund der Seele taucht, wird dort nur Liebe finden. Wer auf den Grund der Liebe taucht, findet dort das Göttliche. Und wer keine Lust hat zu tauchen, wird eine schöne Zeit haben an der Oberfläche des Liebesozeans. Die Wellen tragen.

Männer sind wie Autos. Fabelhaft im ersten Jahr.
Meg Ryan

Frauen setzen alles daran, einen Mann zu ändern, und wenn sie ihn geändert haben, wollen sie ihn loswerden.
Stephen King

Man muss die Männer nehmen, wie sie sind. Aber man darf sie nicht so lassen. Elisabeth (Sisi) von Österreich

Wenn einst nach langen Jahren mein Name wird genannt, dann wird mein Ehweib sagen: den habe ich nie gekannt. Otto Reutter

Was Gott zusammengefügt hat …

Was nun Gott zusammengefügt hat, das soll der Mensch nicht scheiden. Matthäus, Kapitel 19, Vers 6

Enid Blyton, die Autorin zahlloser Kinderkrimis, war eine schlagfertige Frau. Als sie sich nach dem verflixten siebenten Jahr von ihrem Mann trennte, wurde sie auf das Gebot ihres Trauspruches angesprochen. Ob das denn nicht mehr gelte? »Was meinen Sie selbst?«, fragte sie zurück. »Darf man keine Brennnessel aus dem Blumenbeet zupfen, weil Gott sie offenbar hineingepflanzt hat? Darf man kein Stück Marmor aus dem Berg hauen? Keinen Holzscheit spalten? Darf man einen Pflaumenkern nicht ausspucken, weil Gott doch Pflaume und Kern zusammengefügt hat?« Nun, Enid spuckte den Kern aus. Sie, die ihre Ehe mit dem berühmten Vers hatte segnen lassen, ließ sich scheiden. Ihr irischer Kollege Oscar Wilde hatte es ähnlich vorgemacht. Dreißigjährig heiratete er die begüterte zweiundzwanzigjährige Constance mit demselben strengen Vers. Zwei Söhne hatte er mit Constance. Dann wurde ihm klar, dass sexy Männer ihn mehr interessierten, und er zog aus. Seine Frau änderte ihren Nachnamen. Doch scheiden ließ sie sich nicht. Die beiden blieben befreundet. Die Eheforscherin Shirley Glass hat vermutet, dass bei der Wahl dieses berühmten Spruches im Hintergrund eine Ahnung oder vage Furcht vor Trennung schlummert. Der Spruch wird dann als eine Art Versicherung dagegen gewählt. Und tatsächlich taugt er dazu! Denn erstens sorgt er dafür, dass Paare ihre Verbindung sehr genau prüfen, bevor sie zum Standesamt eilen. Und zweitens erinnert er sie daran, einen Trennungswunsch – und der taucht bei jedem Paar mal auf! – zu durchleuchten: Geht es uns dann wirklich besser? Oder wollen wir den Konflikt als Aufforderung zur Entwicklung begreifen? Paare, die den Spruch wählen, sind jedenfalls ernsthafter als andere.

Was Gott getrennt hat, soll der Mensch nicht zusammenfügen. Wolfgang Körner

Eine Frau heiratet in der Erwartung, der Mann werde sich ändern. Ein Mann heiratet in der Erwartung, die Frau werde so bleiben. Beide irren.
Paula Modersohn-Becker

Die Ehe ist eine Entdeckungsreise, von der nur wenige heil zurückkehren. Sören Kierkegaard

Einer der Gründe für die vielen Scheidungen muss sein, dass die Männer erst schwören, sie würden sterben für ihre Frau, und sich dann nicht daran halten. Marlene Dietrich

Ich will euch tragen, bis ihr grau werdet

Ich bleibe derselbe, so alt ihr auch werdet; bis ihr grau werdet, will ich euch tragen. Jesaja, Kapitel 46, Vers 4

Die Ehe sei gelegentlich eine Romanze und zuweilen ein Krimi, hat eine Frau verlauten lassen, die Bescheid wusste: Agatha Christie. Knapp vierzig war sie, als sie den Archäologen Max Mallowan heiratete. Er war vierzehn Jahre jünger. Die Ehe lief blendend, gelegentliche Mordgedanken eingeschlossen. »Wir fühlen uns getragen«, erzählte die Autorin und bestätigte ihren Trauspruch. Liebende, die ihn wählen, vertrauen darauf, dass eine höhere Intelligenz weiß, was richtig ist, und dass diese Intelligenz auf sanfte Weise lenkt. Vielleicht ist das ohnehin immer der Fall. Doch wer es merkt, hat mehr davon. Die Ehe von Krimikönigin Agatha währte fünfundvierzig Jahre, bis zu ihrem sanften Tod. Giulietta Masina und Federico Fellini brachten es mit demselben Spruch sogar auf fünfzig Jahre

Ehe. Dann segneten sie kurz hintereinander das Zeitliche. Waren sie die ganze Zeit über ungetrübt glücklich? Natürlich nicht. Federico war einer der berühmtesten Filmregisseure seiner Zeit, Giulietta eine der beliebtesten Schauspielerinnen. Da konnten Ablenkungen nicht ausbleiben. Dass die beiden trotzdem zusammenblieben, hing mit dem Vertrauen zusammen, das aus dem Leitwort ihrer Ehe sprach: Die Basis bleibt dieselbe, so viele Jahre auch vergehen. Übrigens gibt es einen vergleichbaren Spruch des Buddha: »Alles was einen Anfang hat, hat auch ein Ende; bleibe bei dem, was weder Anfang noch Ende hat.« Das ist hier auch gemeint. Da ist etwas, das bleibt, verlässlich, sanft tragend und unerschütterlich – egal wie das Konto steht, wie viel Fieber gemessen wird, egal wer das Auto zu Schrott fährt. Etwas, das immer trägt und das in seiner Essenz nichts Geringeres als pure Liebe ist.

Ein Mann, solang er jung ist, braust wie frischer Wein.
Je mehr er aber altert, je schaler wird er sein.
Lieselotte von der Pfalz

Einem alternden Mann wird es oft verdacht, dass er sich um junge Frauenzimmer bemüht. Es ist jedoch das einzige Mittel, sich zu verjüngen.
Johann Wolfgang Goethe

Was einer Frau Vergnügen macht, geht ihren alten Mann nichts an. Marianne Faithful

Das Schicksal des Mannes ist zunächst die Frau und dann der Haarausfall.
Wladimir Iljitsch Uljanow, genannt Lenin

Möge eure Liebe immer noch reicher werden

Ich bete darum, dass eure Liebe immer noch reicher werde an Erkenntnis und aller Erfahrung.
Paulus an die Philipper, Kapitel 1, Vers 9

Früher ging es bei einer Heirat nicht in erster Linie um Liebe. Sondern um materielle Sicherheit. Ehen wurden zwischen Ebenbürtigen geschlossen. Die Bedingungen wurden von den Eltern ausgehandelt. Es ging um Geborgenheit durch Güter. Im Laufe der Jahre konnte dann das Vertrauen wachsen und sogar so etwas wie Liebe entstehen. Als Jakob Fugger die Augsburger Patriziertochter Sibylle Artzt mit diesem Trauspruch heiratete – es ist fünfhundert Jahre her –, ging es für ihn, den Sprössling einer zugezogenen Familie, um eine respektierte Position in der Gesellschaft. Für sie um abgefedertes Wohlleben. Der Vers von der immer reicheren Liebe ging wörtlich in Erfüllung: Ihr Haus wurde zum Stammsitz der reichsten europäischen Familie aller Zeiten. Und die Liebe? Nun ja. Man war tolerant. Jakob war viel unterwegs, und Sibylle hatte in dieser Zeit einen jüngeren Geschäftsfreund zur Seite. Alle wurden mühelos reicher an Erkenntnis und Erfahrung. Sibylle war eine inspirierende Kraft sowohl für Jakob als auch für den Hausfreund. Alle hatten etwas davon. Im Lebenslauf von Jules Verne fällt das Gleiche auf. Erst nach seiner Heirat – mit eben diesem Trauspruch – wurde er produktiv. Auf den ersten Blick kümmerte sich seine Frau Honorine um Haus und Kindererziehung, auf den zweiten sorgte sie dafür, dass er zum erfolgreichsten Autor seiner Zeit wurde. Und die Liebe der beiden? Die vertiefte sich mit den Jahren, wie es das Motto ihrer Ehe nahelegte. Paare, die diesen Spruch wählen, haben Lust, einander zu erforschen, und sind mutig genug, der Wahrheit zu begegnen. Vielleicht haben sie mit geschönten Selbstbildern umeinander geworben. Gleichwohl sind sie willens, die Wahrheit jenseits der Fassaden zu erkunden – in der klugen Gewissheit, dass Vertiefung und Bereicherung zusammengehen. Und dass letzten Endes alles gut ausgeht.

Ein unerfahrener Mann heiratet die Frau, die er liebt.
Der erfahrene Mann liebt die Frau, die er heiratet.
Abraham Lincoln

Dein Schatzhaus ist in dir; versuche bitte,
damit auszukommen. Luise von Preußen

Ein Mann hat zwei Gründe, um zu heiraten.
Einen Grund, der sich gut anhört, und den
wahren Grund. Napoleon Bonaparte

Nichts dauert ewig – nur meine Ehe. Marie Antoinette

Wer im Geringsten treu ist, ist auch im Großen treu

Wer im Geringsten treu ist, ist auch im Großen treu.
Lukas, Kapitel 16, Vers 10

Wie ist es mit Ehemännern, die nachts zum Kühlschrank schleichen, um den Schokopudding zu vertilgen? Sind sie, da sie ihre Frau in geringen Dingen hintergehen, in großen Dingen untreu? Und wie steht es mit Frauen, die ihren allerneuesten Schuhkauf erst mal im Schrank verbergen, damit der Ehemann nicht tobt? Hintergehen sie auch sonst? Nein. Höchstwahrscheinlich nicht. Sie sind einfach gute Diplomaten. Der Spruch meint etwas anderes: Wenn es darauf ankommt, wahrhaftig zu sein zueinander, wird Schwindeln nicht zu etwas Gutem führen. Und wann kommt es darauf an? »Das spürt jedes Herz selbst sehr genau«, schrieb eine fromme Frau, die mit diesem Spruch in die Ehe ging: Johanna von Puttkammer. Sie heiratete Otto von Bismarck, als der noch ein ziemlicher Chaot war. Sein Weg zum bedeutendsten deutschen Politiker des neunzehnten Jahrhunderts ist wesentlich ihr zu verdanken. Sie habe ihm Sinn, Stabilität und Sicherheit gegeben. Auf sie war Verlass in jeder Hinsicht. Und genau das meint der Spruch. Es ist bemerkenswert, dass der bedeutendste amerikanische Politiker desselben Jahrhunderts ebenfalls mit diesem Motto in die Ehe ging: Abraham Lincoln. Die Eltern seiner Frau Mary schätzten ihn nicht; vor allem weil er die Sklaverei abschaffte. Seine Frau hingegen sah in ihm die Humanität verwirklicht, nach der sie sich selbst sehnte. Deshalb kämpfte sie an seiner Seite, teilte seine Verantwortung. Deshalb konnte er auf sie vertrauen. Paare, die diesen Spruch wählen, sind meist engagierte, gerade Menschen. Sie teilen die Liebe zur Wahrheit. Dass sie gelegentlich flunkern, wenn es um Süßigkeiten oder Accessoires geht, ist geradezu eine Erleichterung.

Sie ist eine bezaubernde Person. Sie hat einen guten Ehemann verdient. Heirate sie, bevor sie ihn findet.
Harpo Marx

Ich wünsche dir, dass du den Richtigen findest!
Und bis dahin viel Spaß mit den Falschen! Joan Crawford

Gute Regie ist besser als Treue. Gottfried Benn

Erstens sage deinem Mann, dass du pro Woche einen Weiberabend brauchst. Und zweitens, vergeude diesen Abend keinesfalls mit Weibern. Tina Turner

Gott möge Gaben über euch ausschütten

In seiner Macht kann Gott alle Gaben über euch ausschütten, sodass euch allezeit in allem alles Nötige ausreichend zur Verfügung steht und ihr noch genug habt, um allen Gutes zu tun.

Paulus an die Korinther, 2. Brief, Kapitel 9, Vers 8

Künstler heiraten ungern kirchlich. Schließlich möchten sie selbst angebetet werden. Und doch haben ein paar diesen Schritt getan. Gleich zwei weltberühmte Künstler – der Maler Caspar David Friedrich und der Musiker Johann Sebastian Bach – haben sich mit ihren Frauen unter dem Motto von Gottes Gaben das Jawort gegeben. Erstens, weil ihnen der Segen für ihre Kreativität nützlich schien. Zweitens, weil der Spruch sogar noch mehr ausdrückt: dass man so reich beschenkt wird, dass man auch noch anderen Gutes tun kann, ohne dass es wehtut. Sowohl bei Bach, der 1721 heiratete, als auch bei Caspar David Friedrich, der es hundert Jahre später tat, regneten die Gaben reichlich vom Himmel. Und die Sensibilität und Inspirationskraft der Frauen spielte dabei eine entscheidende Rolle – beim schöpferischen Arbeiten in Farben und Tönen und bei der Kreativität im Leben selbst. Caspar und Christiane hatten drei Kinder, von denen eines Maler wurde. Johann Sebastian und Anna Magdalena hatten sogar zehn, von denen zwei Komponisten wurden. Es sind grundsätzlich hochbegabte Paare, die mit diesem Trauspruch in die Ehe gehen. Paare, über die ein Füllhorn von Gaben ausgeschüttet wird, zumal sie bereits reichlich Gaben in die Ehe mitbringen. An der Warwick University läuft ein Projekt, das genetische Prägung und Weltanschauung abgleicht, unter anderem hinsichtlich der Ansichten zu Liebe und Ehe. Dass Partner, die diesen Spruch wählen, über eine exzellente genetische Prägung verfügen, ist jetzt schon klar. So viel Begabung muss einfach gesegnet sein.

Ein magisches Gesetz bewirkt, dass der Erfolg immer zuerst den Mann beglückt, den deine Frau beinahe geheiratet hätte. Michael Ovitz

Ob Frauen so klug sind wie Männer, weiß ich nicht. Aber so töricht sind sie ganz bestimmt nicht.
Katharina von Medici

Ich möchte so reich werden, dass noch der zweite Ehemann meiner hinterbliebenen Frau sorgenfrei leben kann. Joe Eszterhas

Wenn Männer nur dann redeten, wenn sie etwas zu sagen haben, würden sie den Gebrauch der Sprache verlieren. Lore Lorentz

Ihr seid zur Freiheit berufen

Ihr aber seid zur Freiheit berufen. Allein seht zu, dass ihr durch die Freiheit nicht dem Fleisch Raum gebt, sondern durch die Liebe diene einer dem anderen. Paulus an die Galater, Kapitel 5, Vers 13

Es sind kühne und charakterfeste Partner, die diesen Spruch auswählen. Denn Freiheit setzt Vertrauen voraus. Und zuweilen die gemeinsame Begeisterung für eine beflügelnde Idee. Beides gab es zum Beispiel bei Friedrich Schiller und Charlotte Lengefeld. Sie heirateten mit diesem Leitwort 1790 in Jena, Schiller war dreißig, sie dreiundzwanzig. Sie arbeiteten zusammen, sie erzogen die vier Kinder gemeinsam, sie liebten, achteten, inspirierten einander. Freunde berichten von einer einzigartigen beruflichen und familiären Harmonie. Keiner bevormundete den anderen, keiner beanspruchte Macht oder Vorrang. Persönlich verwirklichten sie die Freiheit, von der im

Spruch die Rede ist – und waren deshalb glaubwürdig und berechtigt, die Freiheit öffentlich für das Volk zu fordern. Gleiches gilt für Giuseppe Garibaldi und seine brasilianische Frau Anita. Privat und öffentlich waren sie ein leidenschaftliches Team. Sie waren das revolutionäre Liebespaar des neunzehnten Jahrhunderts, erotische Guerilleros, die die Diktatoren in Südamerika und Südeuropa das Fürchten lehrten. Sie heirateten 1842 mit diesem visionären Spruch. Alle Paare, die ihn wählen, verbindet diese Leidenschaft für Freiheit und Romantik. Ein wildes Aroma umgibt sie. Lauwarme Partner wird man unter diesem Motto nicht finden. Stattdessen aufregende, enthusiastische, temperamentvolle Liebende. Kommt es auch mal vor, dass einer von beiden sich zur Freiheit berufen fühlt und der andere das Taschentuch wringt? Ja, auch das kommt vor. Macht aber nichts. Beide Partner unter diesem Motto finden garantiert etwas, das andere ihr Leben lang vermissen: innere Freiheit.

Auf seiner Hochzeit wie auf seiner Beerdigung fällt es schwer, einem Mann zu gratulieren. Konfuzius

Treue macht nur am Anfang Spaß. Juliette Gréco

Zum Glück halten Frauen es für Liebe, wenn man sich für ihren Körper interessiert. Roberto Rosselini

Warum soll ich heiraten und einen Mann unglücklich machen? Wenn ich Single bleiben und tausend unglücklich machen kann? Jennifer Lopez

Ihr sollt in Freuden ausziehen

Ihr sollt in Freuden ausziehen und in Frieden geleitet werden. Jesaja, Kapitel 55, Vers 12

In Frieden und in Freude leben – mehr geht eigentlich nicht. Höchstens Kuchen fehlt noch. Friede, Freude, Eierkuchen, meinte der Theologe Helmut Thielicke, sei die volkstümliche Übersetzung des Spruches. Na, wunderbar! Sehnsucht nach ein bisschen Streit, nach Sorge und Salzgebäck? Gern. Wird erfüllt. Wenn der Friede zwischen zwei Partnern zu lange währt, wird einer auf eine Idee kommen, die Harmonie ein bisschen aufzumischen. Als der Dichter Paul Gerhardt sich mit seiner Frau Anna Maria diesen Spruch für die Hochzeit aussuchte, war sein Bedarf an Streitigkeiten gedeckt. Der Dreißigjährige Krieg war gerade zu Ende. Gerhardt, bereits jenseits der vierzig, hatte endlich seine erste Stelle bekommen. Nun wünschten seine Frau und er nichts weiter als den Segen der Freude und des Friedens. Und er bekam ihnen gut. Paul Gerhardt wurde der bedeutendste Dichter und Komponist spirituller Lieder. Seine Greatest Hits wie »Geh aus mein Herz und suche Freud« und »Nun ruhen alle Wälder« haben vier Jahrhunderte überdauert. Sicher ist es kein Zufall, dass drei Generationen nach ihm einer seiner Bewunderer denselben Trauspruch wählte: der Poet Matthias Claudius. Er schuf, angeregt von seiner Ehefrau Anna Rebekka, einen ebenbürtigen Superhit: »Der Mond ist aufgegangen«. Auch ein Friede-und-Freude-Lied. Ein angeborener Optimismus scheint die Paare zu beseelen, die sich diesen Trauspruch aussuchen. Wenn sie traurig sind, wissen sie, dass eine Quelle innerer Freude die Trauer auffängt. Und wenn sie sich Sorgen machen, spüren sie den zugrunde liegenden tieferen Frieden. Fehlt eigentlich nur noch der Eierkuchen. Aber den kriegen sie auch noch gebacken.

Ein Mann liebt in der Weibsnatur nur immer seine eigene Spur. Hermann Löns

Mein Mann ist das wirksamste Schlafmittel, das mir bekannt ist. Judy Garland

Männer erwachen genauso gut aussehend, wie sie zu Bett gegangen sind. Frauen verfallen seltsam über Nacht. Georges Simenon

Bei Männern, die im Bett versagen, geht die Liebe durch den Magen. Trude Herr

Liebe deckt alle Übertretungen zu

Liebe deckt alle Übertretungen zu.
Sprüche Salomos, Kapitel 10, Vers 12

Stimmt das? Liebe breitet eine Decke über alle Sünden, heißt es in anderen alten Übersetzungen des Spruches. Liebe löscht schlechtes Karma, heißt es im Buddhismus. Na, wunderbar! Es ist vielleicht kein Zufall, dass einer der muntersten Liebhaber mit diesem Spruch in die Ehe ging: der Boheme-Komponist Giacomo Puccini. Er heiratete Elvira, die Frau eines guten Freundes, nachdem dieser Freund aus ungeklärten Ursachen verblichen war. Das ist hundert Jahre her. Liebe hat längst alle Vergehen zugedeckt. Der Philosoph Bertrand Russell, alles andere als ein überzeugter Christ, suchte sich mit viel Humor diesen Spruch aus, als er zum vierten Mal heiratete. Alles, was davor gewesen war, war in seiner Erinnerung danach nur schwarz-weiß und zweidimensional, hat er berichtet.

Die neue Liebe hatte früheren Trübsinn gelöscht. Er und seine Frau hatten noch zwanzig glückliche und kreative Jahre, genau dieselbe Zeitspanne übrigens wie Puccini. Paare, die mit diesem Vers in die Ehe gehen, lassen die Vergangenheit vergnügt hinter sich – und vertrauen darauf, dass die Liebe die verlässlichste Zuflucht ist. Sie haben die spirituellen Meister aller Religionen und Zeiten auf ihrer Seite. Denn Liebe ist das Herz jeder Religion und wohl auch jeder Philosophie. »Wenn wir der Welt mit Liebe begegnen«, lehrt der Dalai Lama, »sind nicht nur wir selbst glücklich – auch die Welt wird eine andere sein.« Und sein Kollege Benedikt XIV. rühmt: »Liebe ist das Heraustreten aus dem verschlossenen Ich zur Hingabe, zur Selbstfindung, zu dem, was Gott genannt wird.« Das klingt doch vielversprechend! Und kein scheinbarer Fehltritt kann daneben bestehen. Jedes Vergehen löst sich in Rauch auf. Na, dann los!

Es gehört viel Mut und Kraft dazu, einen Mann von sich abhängig zu machen, doch es zahlt sich fast immer aus. Katharina die Große

Eine Frau verzeiht alles – aber sie erinnert einen oft daran, dass sie verziehen hat. Michel Piccoli

Jede Frau wäre gern treu. Es ist nur schwierig, einen Mann zu finden, dem sie treu sein kann.
Sarah Bernhardt

Bei den Frauen gibt es nur zwei Möglichkeiten. Entweder sie sind Engel. Oder sie leben noch.
Anthony Hopkins

Euer Vertrauen hat eine große Belohnung

Werft euer Vertrauen nicht weg, es hat eine große Belohnung. Paulus an die Hebräer, Kapitel 10, Vers 35

Eines der sonderbarsten Paare Amerikas trat unter diesem Motto vor den Altar. Auf Englisch hieß ihr Trauspruch: »Cast not away your confidence, which hath great recompence of reward.« Confidence heißt Vertrauen, Zuversicht, Optimismus. Und nichts brauchte der geplagte Schriftsteller mehr, der mit diesen Worten seine Cousine heiratete. Es war Edgar Allan Poe. Das Sonderbare: Er war sechsundzwanzig, Cousine Virginia erst dreizehn. Die Ehe zwischen den beiden war liebevoll und blieb sexlos. Er begehrte das Mädchen nicht, er verehrte es lieber, während die Tante den Haushalt führte. Poe bekam von den beiden Frauen etwas, was ihm selbst fremd war: Halt, Struktur, Stabilität. Oder wie der Trauspruch sagt: Vertrauen. Jetzt konnte er seine Ideen zu Meisterwerken formen. Der amerikanische Eheforscher Daniel Wile hat festgestellt, dass es häufig übersensible Naturen sind, die diesen Vers als Leitwort wählen. Menschen, die das Gefühl haben, um sie herum brandet das Leben und sie brauchen dringend einen Anker. Es sind häufig künstlerisch begabte Menschen mit großer Intuition. Der Maler Claude Monet war erfolglos, seine Werke waren immer wieder von Jurys abgelehnt worden, bis er 1870 seine langjährige Geliebte Camille heiratete. Der bürgerliche Rahmen der Ehe, verfeinert durch eine angenehme Mitgift, gab dem abgelehnten Maler Stabilität und Zuversicht. Er hielt sich nicht an die politisch korrekten Vorgaben der Preisrichter, er malte, was ihm gefiel. Und auf einmal entdeckten ihn die Sammler. Das tat ihm gut, das tat der Ehe gut, das tat der Frau gut, die das Vertrauen in seinen Weg nie verloren hatte. Paare mit diesem Trauspruch bringen offenbar Meisterwerke zustande. Wir sind gespannt.

Männer, die ein gutes Herz haben, haben meist nur schwache Nerven. Margaret Thatcher

Es ist leichter, ein Atom zu zertrümmern, als den Argwohn einer Frau. Albert Einstein

Männer sind wie Wein. Sie kommen in Trauben, man muss sie einstampfen und im Dunkeln verschließen, damit sie zu etwas reifen, das man beim Essen ganz gern dabeihat. Britney Spears

Wer die Menschheit liebt, ist bei seiner Frau entschuldigt. Fidel Castro

Liebe ist das zusammenhaltende Band

Vor allem aber liebt einander, denn die Liebe ist das Band, das alles zusammenhält und vollkommen macht.

Paulus an die Kolosser, Kapitel 3, Vers 14

Liebe ist das zusammenhaltende Band, auch wenn man einander nur selten sieht. Es fällt auf, dass Paare unter dem Motto dieses schönen Spruches häufig über lange Zeiten getrennt waren. Etwa der Hamburger Afrikaforscher Heinrich Barth: Kaum hatte er geheiratet, brach er nach Timbuktu auf. Das liegt heute in Mali, und er steht dort nach hundertfünfzig Jahren noch hoch im Ansehen. Seine Frau hingegen musste ihn von ferne lieben. James Cook war ein ähnlich verwegener Abenteurer. Als er 1762 seine Elisabeth heiratete, glaubte sie und sogar er selbst, er habe die tollkühnsten Jahre hinter sich. Das Gegenteil war der Fall. Jetzt ging es erst richtig los. Cook segelte in den Pazifik, seine gut versorgte Frau vergnügte sich bei Teestunden im Londoner East End. Liebe war das zusammenhaltende Band. Hundert Jahre nach ihnen griff der Cook-Bewunderer Robert Louis Stevenson den Trauspruch des großen Südseefahrers auf, als er seine Frau Fanny heiratete. Die beiden waren während Stevensons Reise häufig getrennt, ließen sich aber schließlich in Schottland nieder, wo Robert gemeinsam mit seiner Frau seine großen Abenteuerromane ausheckte – allen voran natürlich »Die Schatzinsel«. Offensichtlich sind es abenteuerliche Paare, die sich dieses Motto wählen. Paare, die vielleicht schon intuitiv spüren, dass sie nicht immer gemeinsam im Ehebett schlafen. Es sind Partner, die sich am Himmel ihr eigenes Sternbild erschaffen und beim Blick ins nächtliche Firmament wissen: So fern der andere jetzt auch sein mag, er sieht dieselben Sterne. Wir denken aneinander. Unsere Liebe ist das zusammenhaltende Band.

Für Männer bedeutet Treue nicht, immer dazubleiben, sondern immer wiederzukommen. Evelyn Künneke

Der Mut islamischer Kämpfer erklärt sich daraus, dass ein Mann, der mehrere Frauen hat, dem Tod furchtlos ins Antlitz sieht. Karl Dall

Jeder Augenblick ist unendlich kostbar, wenn dein Mann auf Reisen geht. Margaret Mitchell

Jede Kunst besteht im Weglassen, und die Kunst der Ehe besteht im Weglassen des Partners. Auguste Rodin

Euer Herz und euer Geist werden neu

Ich will euch ein neues Herz und einen neuen Geist in euch geben und will das steinerne Herz aus eurem Fleisch wegnehmen und euch ein fleischernes Herz geben. Hesekiel, Kapitel 36, Vers 26

In den Zeilen dieses Spruches pocht das Herz der Revolution. Paare, die ihn wählen, wollen etwas ganz Neues auf die Beine stellen. Und meist haben sie auch die Energie dazu. Zum Beispiel die Malerin Käthe Schmidt: Sie war noch unbekannt, als sie 1891 den Arzt Karl Kollwitz heiratete, mit genau diesem verwandelnden Trauspruch. Die beiden waren entschlossen, sich zu engagieren. Sie zogen in den Prenzlauer Berg, der damals nicht cool war, sondern ein düsteres Berliner Arbeiterviertel. Die beiden Vermählten versuchten, das Elend zu lindern: Käthe Kollwitz durch künstlerisches, ihr Mann durch medizinisches Engagement. Und sie machten das so gut und so tapfer, dass sie Aufsehen erregten. Dem Kaiser missfiel ihr Einsatz. Er fand gerade noch Zeit, sie zu rügen. Dann vertrieb ihn die Revolution. Wer ein ruhiges Leben haben will, muss sich von solchen Paaren fernhalten. In Paaren, die diesen Trauspruch aussuchen, brodelt eine umkrempelnde Kraft. Paul Potts und Julie-Ann wählten den Spruch, als sie 2003 heirateten. Nach längerem Singleleben war das für beide eine Runderneuerung. Doch die Revolution folgte vier Jahre später, als Paul mit einer schmachtenden Arie den »Superstar«-Wettbewerb gewann. Blitzartig war er nicht der beste, doch der berühmteste und rührendste Tenor der Welt. Dass er einfach und bescheiden geblieben ist, garantierte seine Frau. »Ich gebe ihn jederzeit frei«, erklärte sie. »Denn wer ihn ein paar Tage ausprobiert, wird ihn dankend zurückschicken.« Das ist der Humor dieser Paare. Sie haben Biss. Sie haben Energie. Sie vibrieren. Unmöglich, dass sie auf dem Sofa versacken. Sie sind nicht zu stoppen.

Frauen wissen selten, was sie wollen, aber sie sind fest entschlossen, es zu bekommen. Peter Ustinov

Wenn sowieso einer des Anderen Last tragen muss, lass es deinen Mann tun. Sara Paretsky

Frauen gehen in der Ehe auf, Männer unter.
Hans Albers

Der Ehstand hält für dich bereit ein kurzes Glück und langes Leid. Friederike Kempner

Seid mutig und entschlossen

Seid mutig und entschlossen! Lasst euch durch nichts erschrecken und verliert nie den Mut, denn ich bin bei euch, wohin ihr auch geht. Josua, Kapitel 1, Vers 9

Gabriele d'Annunzio war ein Dichter, Schwärmer und Flugpionier. Charles Lindbergh war der Erste, der allein und ohne Zwischenlandung den Atlantik überflog. Beide liebten die Gefahr und waren stets zu Experimenten aufgelegt. Der Unterstützung durch den Bibelvers hätten sie kaum bedurft. Und doch heirateten sie beide mit diesem Trauspruch. D'Annunzio trat 1883 mit Maria di Gallese vor den Altar, einer Gräfin, die ebenso abenteuerlich gestimmt war wie er. Charles Lindbergh heiratete 1929 Anne Morrow, die sich als Erstes das Fliegen beibringen ließ und ihn fortan in stotternden Maschinen als Kopilotin und Funkerin begleitete. Es sind unternehmungslustige und furchtlose Paare, die mit diesem Prophetenwort in die Ehe starten und gleich abheben. Dass es die treuesten Paare sind, lässt sich nicht belegen. Sowohl d'Annunzio als auch Lindbergh liebten nicht nur die Pioniertaten der Lüfte. Sie waren mutig und entschlossen auch bei den Wagnissen der Erotik. Ihre Frauen haben sich, so wissen wir mittlerweile, nicht übertrieben zurückgehalten. Auf ins Abenteuer! Was für Paare treten heute unter diesem Spruch an? Paare, die die Freiheit lieben. Die die Nase in den Wind halten und den Stürmen trotzen. Brandungssegler der Liebe. Erotische Extremkletterer. Paare, die mit beiden Händen nach dem Leben greifen. Die zupacken, wenn sich die Gelegenheit bietet. Zuweilen auch solche, von denen man später sagt: Sie haben die Schnur an beiden Enden angezündet. Übrigens sind dergleichen furchtlose Partnerschaften oft kinderreich. Genetische Tests, welches Kind wohin gehört, sollten allerdings unterbleiben.

Männer sind für mich wie Luft –
verdorben, aber unentbehrlich. Michelle Pfeiffer

Es stimmt nicht, dass Männer dumme Frauen bevorzugen. Sie bevorzugen Frauen, die gelegentlich dumm spielen können, und das erfordert höchste Intelligenz.
Mark Eisner

Wer viele liebt zu gleicher Zeit, bleibt stets lebendig
und gescheit. Eugenie Marlitt

Da nun auch total unfähige Frauen in verantwortliche Positionen aufrücken, dürfen wir die Emanzipation als vollendet ansehen. Francis Ford Coppola

Eure Rede aber sei: Ja! Ja! Nein! Nein!

Eure Rede aber sei: Ja! Ja! Nein! Nein! Was darüber ist, das ist vom Übel. Matthäus, Kapitel 5, Vers 37

Es scheint verblüffend. Doch dieser glasklare Spruch war und ist ein Lieblingswort von Romantikern. Also von Enthusiasten, Schwärmern und Poeten. Warum? Vielleicht, weil Romantiker gewöhnlich die eindeutige Festlegung scheuen. Wenn hingegen ein Weiser sie von ihnen fordert, zum Beispiel ein Zimmermann aus Nazareth, dann gehorchen sie erleichtert. Einer von ihnen war der blumige Romancier Jean Paul. Er heiratete mit diesem Trauspruch – aber erst, nachdem er aus zwei Ehen kurz vor der Unterschrift geflohen war. Der dritten entzog er sich nicht mehr. Eine gewisse Karoline Mayer, in die er sich verliebt hatte, konfrontierte ihn mit dem strengen Bibelwort. Es wurde prompt zu beider Trauspruch. Ja oder Nein, kein laues Herumreden. Das war im Jahr 1800. Ein Bewunderer des

Dichters, der Komponist Franz Liszt, wählte zwei Generationen später dasselbe Motto für seine Ehe mit der Fürstin Caroline zu Sayn-Wittgenstein. Die beiden heirateten nicht offiziell, doch Trauzeugen und ein Geistlicher waren anwesend, als sie auf dem fürstlichen Landgut einander den Bund fürs Leben versprachen. Der Bund hielt. Und wenn die Klarheit vorübergehend abhandenkam, erinnerten sie sich an den Spruch. Noch ein Romantiker: Der Maler Emil Nolde und seine dänische Ehefrau Ada Vilstrup bekannten sich zur Eindeutigkeit des Ja oder Nein, als sie 1902 heirateten. Die Ehe bestand, bis Ada fast fünfzig Jahre später das Zeitliche segnete. Es sind romantisch veranlagte, zugleich zur Klarheit entschlossene Paare, die mit diesem mutigen Wort in die Ehe gehen. Sie haben gut gewählt, denn das Motto ist von grundsätzlicher Weisheit. Klarheit erleichtert das Leben und krönt die Liebe.

Wenn ein Mann verspricht, dich anzurufen, und er tut es nicht, hat er es nicht vergessen. Er hat auch nicht deine Nummer verloren. Er ist nicht gestorben. Er will dich nur einfach nicht anrufen. Elizabeth George

Zurückweisungen von Frauen sind Pillen, die man schlucken muss, nicht kauen. Tom Jones

Ich habe unter meinem Niveau geheiratet. Jede Frau heiratet unter ihrem Niveau.
Elizabeth von Arnim

Nur an ihrem Nasenring kann man eine Frau richtig führen. Shaka Zulu

Vergebt, so wird euch vergeben

Vergebt, so wird euch vergeben.
Gebt, so wird euch gegeben. Lukas, Kapitel 6, Vers 37–38

Fürst Pückler, der Schöpfer großartiger Landschaftsparks und einer dreistufigen Eissorte, war begeistert von diesem Trauspruch. So begeistert, dass er ihn gleich mehrmals verwenden wollte. Zum ersten Mal bei seiner Heirat mit der zehn Jahre älteren Lucie von Hardenberg 1817. Und dann noch mal zehn Jahre später, nachdem er durch Schlossbauten und Parkanlagen reichlich Schulden angehäuft hatte. Lucie und er ließen sich einvernehmlich scheiden und blieben bestens befreundet. Sie erlaubte ihm, auf Reisen eine reichere Zweitfrau zu umwerben nach dem Motto: Gib mir, so wird dir irgendwann von Gott gegeben. Leider eilte dem Fürsten der Grund seiner Heiratslust voraus. Die reichen Frauen winkten ab. Immerhin brachten ihm seine Reiseberichte so viel Geld ein, dass er eine äthiopische Sklavin freikaufen konnte. Er heiratete sie informell mit jenem Trauspruch des Lukas. Auch heute gilt: Wer diesen Spruch auswählt, ahnt bereits, dass er Vergebung nötig haben wird. Als der Komponist und Gruselautor E. T. A. Hoffmann den Spruch für seine Heirat mit der Polin Mischa Rorer wählte, war beiden klar, dass ihnen eine turbulente Ehe bevorstand. Sie hatten einander jede Menge zu vergeben, und zwar aufs Neue. Genau genommen trifft das für jede Ehe zu. Allerdings gibt es einige, bei denen Lautstärke und Unruhe besonders auffallen. Hollywood-Star Cary Grant und Virginia Cherill wählten den frommen Spruch 1934 für ihre romantische Ehe, die dann ziemlich genau ein Jahr hielt. Es soll ein glückliches Jahr gewesen sein. Nur waren beide sehr jung und hatten noch was anderes vor. Na schön. Sie vergaben einander. Wohl den Partnern, die das können, womöglich ein Leben lang.

Wer seinen Mann verurteilt, irrt möglicherweise.
Wer ihm verzeiht, irrt auf jeden Fall.
Johanna Schopenhauer

Wenn nicht gerade Valentinstag ist und ich sehe
einen Freund im Blumenladen, frage ich:
Mann, was hast du getan? Robin Williams

Adam und Eva hatten die perfekte Ehe. Er musste sich
von ihr nicht anhören, wie viel besser alle anderen
Männer zum Heiraten gewesen wären, und sie
musste sich nicht anhören, um wie viel besser seine
Mutter kochte. Emmanuelle Béart

Junggeselle? Tut mir leid, wir stellen nur Leute ein,
die es gewohnt sind, sich unterzuordnen. Lee Iacocca

Euer Herz soll ewiglich leben

Euer Herz soll ewiglich leben. Psalm 22, Vers 27

Der bedeutendste Dichter Argentiniens, Jorge Luis Borges, traute sich ein Leben lang die Ehe nicht zu. Er fühlte sich der Verantwortung nicht gewachsen. Mit siebenundachtzig jedoch wähnte er sich allmählich reif genug. Also heiratete er seine langjährige Gefährtin María Kodama. Sie war vierzig Jahre jünger. Borges war nicht sonderlich gläubig, doch er liebte die poetische Sprache der Psalmen. Deshalb lieh er sich von dort den Trauspruch der Unsterblichkeit: Euer Herz soll ewiglich leben. Oder: *wird* ewiglich leben, wie es in anderen Übersetzungen heißt. Ein paar Monate darauf verblich er, natürlich immer noch glücklich verheiratet. Es ist über zwanzig Jahre her. Möge sein Herz ewiglich leben. Das Herz symbolisiert nicht einfach nur die Liebe. Sondern die uneigennützige Liebe. Von ihr ist die Rede. Eigennützige Liebe verraucht. Die selbstlose Liebe, sagt der Psalmvers, vergeht nie. Diese Wahrheit eignet sich für alle Paare als Trauspruch. Doch Partner mit einem gewissen Altersunterschied scheinen ihn zu bevorzugen. Charlie Chaplin und Oona O'Neill wählten ihn, als sie im Sommer 1943 heirateten. Charlie war vierundvierzig, Oona gerade achtzehn. Es folgten über dreißig Ehejahre, genug Zeit für die Geburt von acht Kindern. Dann begab Chaplin sich für immer auf den Walk of Fame des Himmels. »Der Verstand hat an allem etwas auszusetzen«, hat Chaplin einmal bemerkt. »Das Herz ist mit allem einverstanden.« Gut beobachtet. Jedes Paar lebt zwischen diesen Polen. Kritik und Verbesserungsvorschläge fallen jedem von beiden ein, besonders für Verbesserungen für den anderen. Sobald jedoch die Aufmerksamkeit vom Verstand ins Herz sinkt, ist alles okay. »Für die Liebe gibt es nichts Falsches«, hat Borges formuliert. »Der Verstand kennt nur Unterschiede, das Herz kennt nur Einheit.« Schön, wenn das Herz, wie der Trauspruch besagt, letzten Endes unsterblich ist. Dann bleibt die Liebe.

Das Christkind und die Liebe sind das Einzige,
was sich verflüchtigt, ehe man es richtig gesehen hat.
Camille Claudel

Der Weg zum Herzen der Menschen führt nicht
durch den Kopf, sondern durch die Beinarterie.
Christiaan Barnard

Öffne deine Herzenstür bitte nur einen Spalt breit,
damit uns nicht kalt wird. Liza Marklund

Die Liebe hat eine eigene Sprache; die Ehe kehrt zur
Landessprache zurück. Michail Gorbatschow

Bleibet in meiner Liebe

Bleibet in meiner Liebe. Das sage ich euch, damit meine Freude in euch bleibe und eure Freude vollkommen werde. Johannes, Kapitel 15, Vers 9–11

Für Heimatlose, Reisende, rastlose Partner ist dies ein idealer Trauspruch. Die Heimat, besagt er, ist in der Liebe. Alle anderen Arten der Heimat – Länder, Orte, Menschen, Vorstellungen, Träume – sind vergänglich. Die Liebe nicht. Das, was du suchst, ist überall gegenwärtig, hat der Buddha ähnlich gesagt. Bleibt in meiner Liebe: Eines der rührendsten Paare alter Zeiten hat mit diesem Trauspruch geheiratet. Der junge Arzt Samuel Hahnemann und die Apothekerstochter Johanna Küchler. Er wurde der Entdecker der Homöopathie, sie seine ideenreiche Partnerin und Mutter der acht Kinder. Neben der Medizin und der Kindererziehung hatten die beiden vor allem ein Hobby: Umziehen. Über zwanzig Ortswechsel haben die Biographen in der knapp fünfzigjährigen Ehe gezählt. Alle zwei bis drei Jahre ein Umzug, mit wenig Gepäck, doch mit wachsendem Ruhm. »Wer in der Liebe bleibt, kann getrost überall hingehen«, notierte Hahnemann. Seine Frau ging in die Ewigkeit, als sie Mitte siebzig war. Er trauerte drei Jahre. Dann, mit achtzig, verliebte er sich neu, in eine Fünfunddreißigjährige, und heiratete abermals, diesmal ohne Trauspruch. Sieben heitere Jahre blieben ihm noch. Als der Poet Rainer Maria Rilke 1901 die Bildhauerin Clara Westhoff heiratete, geschah es, damit beider Kind ehelich zur Welt kam. Weder sie noch er waren für ein bürgerliches Familienleben geschaffen. Sie blieben nicht zusammen, jedoch ein Leben lang verheiratet und verbunden. Sie blieben in der Liebe. Dass das auch Paaren möglich ist, die zusammenbleiben und nicht ständig umziehen: Das sollte sich von selbst verstehen.

Ein Wesen, das geistig und körperlich abwesend ist,
nennt man Ehemann. Janet Leigh

Heirat ist der Triumph von Einbildung über Intelligenz.
Eine zweite Heirat ist der Triumph von Hoffnung
über Erfahrung. Alvar Aalto

Bald nach der Eheschließung beginnt beim Mann
der Winterschlaf. Emma Thompson

Es gibt nur eine Liebe, die von Dauer ist:
die unglückliche. Emanuel Wertheimer

Gnade und Treue werden dich nicht lassen

Gnade und Treue werden dich nicht lassen. Hänge sie an deinen Hals und schreibe sie in die Tafel deines Herzens. Sprüche Salomos, Kapitel 3, Vers 3

Marilyn Monroe war dreimal verheiratet. Die erste und die dritte Ehe dauerten jeweils vier Jahre. In beiden Fällen war der Ehemann dankbar für die Scheidung. Die zweite Ehe währte nur neun Monate. Doch ausgerechnet dieser Mann, der Baseballstar Joe DiMaggio, hielt die Ehe ein Leben lang aufrecht. Einseitig natürlich. Er war der Einzige, der sich um Marilyns Beerdigung kümmerte, überlebte sie dann um fast vierzig Jahre und sandte in dieser Zeit geschätzte zweitausend Sträuße rote Rosen an ihr Grab. Gleichermaßen in den Schmerz wie in die Vergötterung verliebt, blieb er treu, gemäß jenem Trauspruch, den er sich 1954 mit Marilyn ausgesucht hatte. Dass sie selbst nicht treu bleiben konnte, hatte er mit melancholischer

Großzügigkeit verziehen. Es sind häufig so edle und ernsthafte Gestalten, die dieses Leitwort wählen, das von Gnade und Treue und der Schrift des Herzens spricht. In Deutschland waren es der Boxweltmeister Max Schmeling und die Schauspielerin Anny Ondra, die im Sommer 1933 mit dem salomonischen Spruch heirateten. Ihre Treue während der gut fünfzigjährigen Ehe galt als vorbildlich. Beide waren bodenständige und harmoniebedürftige Partner – eine glänzende Voraussetzung für gute Konfliktlösung und einen liebevollen Umgang. Obendrein teilten sie die rare Begabung, das Leben zu genießen. Paare, die sich den Spruch aussuchen, haben ein Gespür dafür, dass sie sich auf höhere Gnade und Treue verlassen können. Ihr Temperament bestimmt dann, ob sie diese Beständigkeit auf ruhige, melancholische Art oder in heiterer Lebenszugewandtheit genießen.

Männer wollen nicht die große Freiheit. Sie wollen viele kleine Freiheiten. Erika Mann

Die Wahrheit richtet sich nicht nach uns Menschen, sondern nach meiner Frau. Curd Jürgens

Gott gebe mir die Weisheit, meinen Mann nachts von meinem Liebhaber zu unterscheiden. Anaïs Nin

Willst du im laufenden Jahr enttäuscht werden, säe Samenkörner. Willst du in sieben Jahren enttäuscht werden, heirate. Willst du den Rest deines Lebens enttäuscht werden, zeuge Kinder.
Kuan Chung Tzu

Wenn ihr Vertrauen habt, werdet ihr alles bekommen

Wenn ihr nur Vertrauen habt, werdet ihr alles bekommen, worum ihr Gott bittet.

Matthäus, Kapitel 21, Vers 22

Als Neil Armstrong mit Mitte zwanzig seine Mitstudentin Janet heiratete und mit ihr diesen Spruch aussuchte, ahnte er noch nicht, an welch sonderbarem Ort er ihn einst wiederholen würde: dreizehn Jahre später, an Bord der Raumkapsel, die ihn auf dem Mond absetzen sollte. Das Vertrauen in eine höhere Intelligenz habe ihm damals mehr geholfen als das Vertrauen in die Technik, erzählte Armstrong. Auf anschließenden Vorträgen pries er die motivierende und stärkende Kraft des Vertrauens, auch in der Partnerschaft. Vertrauen, meinte er – und seine Frau in der ersten Reihe nickte dazu –, ziehe positives Feedback an wie eine sich selbst erfüllende Prophezeiung. Ebenso umgekehrt: Wer Misstrauen hege, werde bald Gründe dafür finden. Das ist plausibel. Wie schaffe jedoch jemand den Sprung ins Vertrauen, der von Natur aus zu Skepsis und Argwohn neige? Genauso wie den Sprung ins Wasser, meinte Armstrong. Man müsse vertrauen, dass es einen trage; dann tue es das. Na schön. Eine Weile trifft das wohl zu. Wenn es dann nicht mehr trägt, ist es wohl besser, irgendwo an Land zu gehen. Armstrong und seine Frau trennten sich nach fünfunddreißig Jahren; jeder für sich begann vertrauensvoll eine neue Partnerschaft. Übrigens hatte ein ganz anderer Positiv-Denker, der ebenfalls in einen fernen Orbit einschwenkte, siebzig Jahre vor Armstrong denselben Trauspruch auserkoren: der Wunderheiler Rasputin. Er heiratete eine rotwangige Bauerntochter, um dann den bleichen Zarenhof zu umkreisen und dort schließlich weich zu landen. Seinen Trauspruch verwendete er bei seinen Heilungen als Mantra: Die Patienten sollten ihn vor sich hin murmeln, um die Gesundung zu beschleunigen. Seine Frau, so berichten die Biographen, gesundete unterdessen ganz von selbst mit einem Knecht auf ihrem Hof, im Vertrauen darauf, dass der Gatte fernblieb.

Alle Männer sind auf der Suche nach der idealen Frau – vor allem nach der Hochzeit. Anna Magnani

Den Erfolg verdankt man seiner ersten Frau; die zweite Frau dem Erfolg. Samuel Butler

Mein Mann ist Optimist; alle, die ihn kennen, sind Pessimisten geworden. Katherine Mansfield

Das Wichtigste bei einem Ehepartner ist, dass er einen nicht beim Sex stört. Otto Waalkes

Ich will euch einerlei Sinn und Wandel geben

Und ich will ihnen einerlei Sinn und einerlei Wandel geben, dass sie mich fürchten ihr Leben lang, auf dass es ihnen wohlergehe und ihren Kindern nach ihnen.

Jeremia, Kapitel 32, Vers 39

Es sind traditionsorientierte Paare, die diesen Spruch aussuchen. Paare aus historischen Häusern, Regenten, Fürsten, Landesmütter. Maria Theresia zum Beispiel, die erste Kaiserin des habsburgischen Reiches. Ein Jahrhundert nach ihr Queen Elisabeth. Der früheste Beleg für die Verwendung dieses Trauspruches stammt jedoch von einem spanischen Abenteurer: von Hernán Cortés, der vor fünfhundert Jahren das Reich der Azteken eroberte. Nicht im Alleingang. Er hatte einheimische Verbündete. Unter ihnen war eine zwanzigjährige indianische Adelstochter namens Malinche, mit der Cortés in wahrhaft wilder Ehe zusammenlebte. Nach fünf Jahren verheiratete er sie dankbar mit einem seiner Offiziere, nach christlichem Ritus und mit dem Trauspruch des Jeremia: Sie sollen einig sein und mich fürchten ihr Leben lang. Fürchten im Sinne von Respektieren. Als die Wiener Kaiserstochter Maria Theresia neunzehnjährig ihren Franz Stephan heiratete, war schon klar, dass die beiden dem Trauspruch gemäß in Sinn und Wandel übereinstimmten – und dass Franz bescheiden hinter Maria Theresia zurücktreten würde. Während sie herrschte, kümmerte er sich um die Haushaltskasse und versorgte im Übrigen den Hof mit Anekdoten. Sie war strenge Regentin, er ein Entertainer. Für die Partnerschaft von Englands Queen und Prinz Philip mag etwas Ähnliches gelten. Mit den Jahren ist Philip an der Seite von Elizabeth zu einer Art Hofnarr gereift. Seine bissigen Sprüche werden ihre Regierungskunst überdauern. In jeder Ehe gehe das so, hat er einmal bemerkt; der Mann überlasse der Frau allmählich die Herrschaft, um seinem Spieltrieb nachzugehen. Vielleicht trifft das nicht auf jede Ehe zu, aber offenbar auf eine Ehe mit diesem Trauspruch.

Siebzig Prozent der deutschen Frauen lieben Männer mit Humor. Das ist die alte Regel: Gegensätze ziehen sich an! Harald Schmidt

Spielregeln sind älter als alle Gesetze der Welt. Denn das Spiel ist das Einzige, was Männer wirklich ernst nehmen. Monica Bellucci

Dass der Klügere nachgibt, begründet die Weltherrschaft der Frauen. Erich Mühsam

Kannst du dir eine Welt ohne Männer vorstellen? Sie bestände aus lauter dicken, glücklichen Frauen.
Mae West

Bleibt niemandem etwas schuldig

Bleibt niemandem etwas schuldig, nur die Liebe schuldet ihr einander immer.

Paulus an die Römer, Kapitel 13, Vers 8

Karl Marx hielt die Religion für eine mentale Droge. Das hinderte ihn nicht daran, 1843 kirchlich zu heiraten. Seine Erwählte war vier Jahre älter als er, Ballkönigin und obendrein adlig: Jenny von Westphalen. Ihre Eltern, treue Preußen, überschlugen sich nicht vor Begeisterung, als sich ein leidenschaftlicher Demokrat als Schwiegersohn vorstellte. Doch den Trauspruch, den Karl mit Jenny ausgesucht hatte, fanden sie ehrenwert: Bleibt niemandem etwas schuldig. Dass er auch zum Kampf von Arbeitern gegen Ausbeutung taugte, ahnten sie nicht. Tochter Jenny, eine antiautoritäre Frau und geborene Gleichheitskämpferin, wurde die bedeutendste Stütze ihres revolutionären Mannes. Die beiden waren glänzende Partner in der Arbeit und der Liebe. Eine sonderbare Ironie liegt darin, dass ein spaßiger Erzkapitalist siebzig Jahre später mit demselben Trauspruch heiratete. Charles Darrow, der Entwickler des erfolgreichsten Spiels der Neuzeit: Monopoly. Auch ihm half seine Frau bei Strategie und Taktik. »Die Lust am Geldscheffeln«, freute sie sich, »hat etwas Erotisches.« Hauptsache, mahnt der Trauspruch, niemand bleibt dem anderen etwas schuldig. Ein abgeklärter Weiser steht zeitlich und weltanschaulich zwischen diesen beiden Polen: Mark Twain. Mit demselben Spruch heiratete er 1870 seine Olivia und musste sie erst mal pflegen. Nach einem Sturz war sie teilweise gelähmt. Er kümmerte sich hingebungsvoll, und sie erholte sich. Mark Twain hat den Vers auf rührende Weise umgesetzt. Olivia ebenfalls: Für seine schriftstellerische Arbeit lieferte sie Einfälle und die Struktur ganzer Kapitel. Deshalb sind seine Erzählungen nicht nur von Ironie und Witz durchzogen, sondern auch von einer Spur der Liebe. Es geht gar nicht anders bei diesem Trauspruch!

Wenn du jemanden brauchst, der den Müll runterbringt, heirate. Sarah Jessica Parker

Die schwerste Aufgabe der Frau besteht darin, dem Mann ihrer Wahl klarzumachen, dass er ernste Absichten hat. Carl Zuckmayer

Es soll Frauen geben, die klüger sind als Männer. Aber davon wird die Küche auch nicht sauber.
Jerry Lewis

Männer beten am liebsten vor Altären, auf denen Frauen geopfert werden. Elisabeth Badinter

Liebt euch untereinander, wie ich euch geliebt habe

Ein neues Gebot gebe ich euch, dass ihr euch untereinander liebt, wie ich euch geliebt habe, damit auch ihr einander liebhabt.

Johannes, Kapitel 13, Vers 34–35

Kein Gebot ist bei der Hochzeit so naheliegend und so leicht zu befolgen wie das Gebot der Liebe. Humphrey Bogart war kein sonderlich gläubiger Mensch, und Lauren Bacall interessierte sich nicht für die Evangelien. Dennoch suchten die beiden sich diesen Vers als Trauspruch aus – weil er jenseits von Weltanschauungen auf einfache Art das Größte ausdrückt. Von der Ehe Bogart – Bacall wird behauptet, sie sei eine der glücklichsten in Hollywood gewesen. Allerdings währte sie auch nur sieben Jahre. Danach lebte Bogart in seinen Filmen weiter. Bacall wurde zur angesehensten Elder Lady von Hollywood. Der Vers vom Gebot der Liebe ist einer der ältesten bekannten

Hochzeitssegen. Vor etwas mehr als tausend Jahren heiratete der europäische Kaiser Otto II. eine byzantinische Prinzessin namens Theophanu mit genau diesem Spruch. Auch hier trat die Ehefrau an die Stelle des Mannes, als der seine Laufbahn im Himmel fortsetzte. Theophanu wurde die einflussreichste Kaiserin des Mittelalters und obendrein, wie die Geschichtsschreiber behaupten, die gütigste. Offenbar beherzigte sie den Trauspruch auch als Regentin. Und noch eine dritte starke Frau begab sich unter diesem Motto in die Ehe: Die Wirtstochter Dorothea Pierson heiratete 1777 einen Schneider namens Viehmann, zog sieben Kinder groß – und machte anschließend Karriere. Denn 1813 traf sie die Brüder Grimm und geriet ins Plaudern, aus Liebe zu alten Geschichten. Die Grimms notierten. Wenig später ging Dorothea Viehmann als die bedeutendste Märchenerzählerin in die deutsche Literatur ein. Zum Dank ziert ihr Bild bis heute die Grimm'sche Ausgabe. Die »Viehmännin« war glücklich verheiratet und ist es wohl noch. Denn weil sie nicht gestorben ist, lebt sie noch heute.

Männer sind selten so jung, wie sie sich fühlen,
und niemals so bedeutend. Brigitte Mira

Männer wollen nichts als guten Sex, gutes Essen
und in Ruhe gelassen werden. Alfred Hitchcock

Einen Ehemann muss man begraben, bevor er
wieder aufstehen kann. Patricia Cornwell

Wer spricht von Siegen? Überstehen ist alles.
Rainer Maria Rilke

Vorbildliche Partner

Kennerinnen und Experten